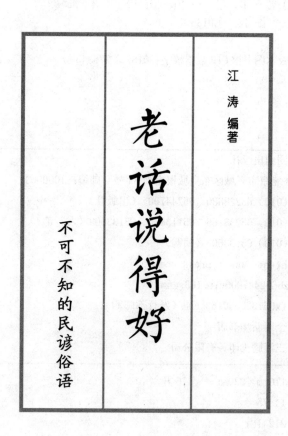

江 涛 编著

老话说得好

不可不知的民谚俗语

团结出版社 UNITY PRESS

图书在版编目（ＣＩＰ）数据

老话说得好：不可不知的民谚俗语 / 江涛编著. --
北京 ：团结出版社，2018.12（2021.10 重印）
ISBN 978-7-5126-6820-1

Ⅰ．①老… Ⅱ．①江… Ⅲ．①汉语－谚语－汇编②汉
语－俗语－汇编 Ⅳ．①H136

中国版本图书馆 CIP 数据核字(2018)第 276345 号

出　版：团结出版社
　　　　（北京市东城区东皇城根南街 84 号　邮编：100006）
电　话：(010) 65228880　65244790 （出版社）
　　　　（010) 65238766　85113874　65133603（发行部）
　　　　（010) 65133603（邮购）
网　址：http://www.tjpress.com
E-mail：zb65244790@vip.163.com
　　　　fx65133603@163.com（发行部邮购）
经　销：全国新华书店
印　装：三河腾飞印务有限公司

开　本：170mm×230mm　　　16 开
印　张：14.75
字　数：212 千字
版　次：2018 年 12 月　第 1 版
印　次：2021 年 10 月　第 6 次印刷

书　号：978-7-5126-6820-1
定　价：39.80 元

中国文化是迄今世界上最久远、最稳定、最辉煌、最丰富、最发达的文化之一。有文字记载的历史悠悠五千载，可谓博大精深，源远流长。其中，民谚俗语就是一种不可或缺的民族文化。

民谚俗语，源远流长，从古至今，世代相传，其最大的特点是通俗性、适应性和地域性。在语言学家看来，民谚俗语是民族语言中特殊的语言材料；在民俗学家看来，民谚俗语是民族民间文化中的口头语言艺术，它集民间语言材料与民俗语文学于一体，是民间文化的一种主要载体和艺术形式。

民谚俗语大多数是民间百姓创造出来的，也有从书面语言演化而来的，不管来源如何，民谚俗语都是人民群众口头流传的、通俗简练而又含义深刻的现成话。民谚俗语贴近生活、贴近人心、贴近普通人、贴近日常事、充满人情味，值得我们学习和掌握。

民谚俗语反映了人们的智慧、才能和哲学素养，是人们处世智慧的精髓，是社会阅历、人生体验的总结，也反映了社会的伦理道德、风俗习惯和美德善行，了解和运用这些民谚俗语，无论是对社会还是对个人都大有裨益。

从某种角度来说，人类文明的进化史就是一部语言不断发展的历史。博大精深的民谚俗语是中华民族的文化瑰宝。因此，从传世的文史典籍和社会实践中收集整理这些民谚俗语，符合弘扬中华传统文化的精神，符合人们社会生活的需求。本书所编选的民谚俗语，蕴含着深刻的哲理，引人深思，耐人寻味。

在编写本书时，一方面，面对着数以万计的民谚俗语，我希望将它们全部展示给广大读者；而另一方面，一本书的内容又是有限的，所以只选择了人们喜闻乐见、最有趣、最有味道的内容奉献给读者。本书除了文字精练，还插入大量图片，让读者在赏心悦目的同时，轻松掌握民谚俗语的精髓，从而更加喜欢中国传统文化。

浙江旅游职业学院　江涛

2018 年 10 月

第一章 生活俗语，世相百态有学问

1

第二章　节庆俗语，欢聚时刻谈资多

第四章　词语由来，正本溯源有出处

第五章　讽刺谚语，风趣之间有针砭

第六章　方言俚语，言谈之中显文化

第一章　生活俗语，世相百态有学问

　　俗语是汉语语汇里为群众所创造并在群众中流传，具有口语性和通俗性的语言单位，是通俗并广泛流行的定型的语句，反映了人民的生活经验和愿望。俗语的特点是浅显易懂，或诙谐幽默，或对比强烈，或类比引申。

　　俗语大都短小精辟，有的能发人深省，有的能化解矛盾，有的能激励奋进，有的能和睦家庭。比如"不当家不知柴米贵"，就充分体现了一家之主的不容易，大事小情，都要操心到了。面对婚姻的不容易，可以用"嫁鸡随鸡，嫁狗随狗""不是一家人，不进一家门"来安慰自己或者他人，这样一想，就能安生地过日子了；面对孩子的叛逆期，可以发一下牢骚："儿大不由爷，女大不由娘"，不能管束太紧，得给孩子一定的空间；邻里之间发生纠纷，要学会"得饶人处且饶人"，一味地"呛火"，只会让矛盾越来越大；孩子考试前突击复习，可以告诉他"平时不烧香，临时抱佛脚"式的临阵磨枪，作用不大；刚进入社会的小青年，找个工作不容易，要知道"师傅领进门，修行在各人""马怕骑，人怕逼"，只有自己努力向上，才能实现自己的价值；面对社会中的交际和宴请，要学会"酒要满、茶要浅"的道理，还要知道"先干为敬"，这样才能在社会中赢得好人缘。

　　了解生活中的俗语，还要学会运用这些俗语，因为俗语可以使语言表达得形象活泼，饶有风趣，可以给大家留下鲜明、深刻的印象，收到较好的表达效果。

　　人类的智慧从何而来？从百姓的社会生活中来。这些俗语经过民间智者的巧妙概括，显得既高度精练，又极易触动人的心灵。时时玩味这些俗语，可以激活僵化的思维，并从中汲取鲜活的智慧和营养。

破财消灾

"破财消灾"就是拿出一部分钱来抵消灾祸，也叫"拿财消灾"。旧时此风颇盛，例如，遇到疾病久治不愈，人们便去求巫婆，花点许愿钱，以求身体康复；家中屡遭坎坷事，是为不顺，可用钱办道场以破解，以求换得时来运转；遇到官司之事，也是破财之事，用钱物疏通关系，或是以钱物作为赔偿手段，以求免受牢狱之灾；老年人身体不好，儿女们可以凑上钱买些纸香焚烧，以贿阎罗，来给父母"买寿"。

这种俗信与佛教教义有一定的关系。佛教认为，钱财是身外之物，生不带来，死不带去，不如拿钱做善事为自己积功德。做一个善人，就是为自己积德积福，就可以买到一张通往极乐世界的通行证。那么怎么做善人呢？主要就是施舍与捐赠，将钱物施舍给贫穷之人和最需要救助之人，将钱物捐赠给社会福利事业，用以办养老院、孤儿院以及修建大桥、公路等。这样，自己一生中如果做过什么不道德的事，也由于"放下屠刀，立地成佛"，两相抵消了，自己的心理也就平衡了。

马怕骑，人怕逼

这句俗语告诉我们，马怕被调教，人怕被逼迫。马在被调教、人在被逼迫的情况下才会激发出潜力。

这句极为通俗直白的民间俗语，求其来源，是从元曲、无名氏的《渔樵记•楔子》中的"马不打不奔，人不激不发"这句话逐渐演变而来。这句俗语中，前句对后句起着烘托与深化的作用。

一不做，二不休

"一不做，二不休"的意思是不做则已，做就要做到底，出自唐代赵元一的《奉天录》（卷四）。

公元 755 年，唐朝的节度使安禄山起兵叛乱。朝廷发兵平叛，在一次交战中，大将王思礼的坐骑被箭射中，正在危急时，骑兵张光晟把马让给王思礼，使他脱险。叛乱平定后，王思礼升了高官，不忘张光晟的救命之恩，和张结为兄弟，并一再向朝廷保举，从而使张的官越做越大。

后来，一支军队在京师长安哗变，唐德宗仓皇出逃奉天（今陕西省乾县），叛军推立朱泚为帝，张光晟依附朱泚做了他手下的节度使。

朱泚自称大秦皇帝，领兵进逼奉天，张光晟当了他的副将。不料出师不利，围城一个多月未能攻克，而各处来援救德宗皇帝的军队纷纷赶来。在这种情况下，朱、张只能退回长安。次年，朱泚又改国号为汉，自称汉元天皇，封张光晟为宰相。这时，唐军将领李晟等已迫近长安。张光晟见朱泚大势已去，便暗中派人与唐军将领李晟取得联系，希望归降朝廷。李晟表示欢迎。

张光晟作为内应，劝朱泚赶快离开长安，并亲自送他出城。待朱泚逃远后，张光晟再返回长安，率领残部向李晟投降，李晟答应奏告朝廷，减免他叛变投敌的罪行。但是，后来德宗皇帝却颁下诏书，处死张光晟。李晟无法再为张光晟说情，只好执行。

临死时，张光晟悲哀地说："把我的话传给后世的人：有些事情，要么不做，一旦做了就不要罢休！"后人把他的话简化为"一不做，二不休"。

丁是丁，卯是卯

"丁是丁，卯是卯"常用来形容做事情不马虎、精益求精的态度。有两种说法。

一种说法是，它源于我国的天干地支纪年法。天干是甲、乙、丙、丁、戊、己、庚、辛、壬、癸，地支是子、丑、寅、卯、辰、巳、午、未、申、酉、戌、亥。以十干与十二支循环相配可得到甲子、乙丑、丙寅……六十个组合，称为六十花甲子。天干、地支的组合当然是"丁是丁，卯是卯"，不能出差错，否则纪年就会混乱。

另一种说法认为，丁和卯的原意是指木建筑和木器具制作中的一种基本结构方法，即卯榫结构法。卯指"卯眼"，也称"凿"；丁是指"榫头"，也称"枘"或"钉"，卯眼和榫头大小形状必须完全一致，才能装配结实，"钉是钉，卯是卯"必须分清楚，不能有一点差错。由于"丁""钉"同音，而且"甲乙丙丁"的"丁"比"钉子"的"钉"更简单易写，人们便用"甲乙丙丁"的"丁"代替了"钉子"的"钉"。本来的"钉是钉，卯是卯"，便成了"丁是丁，卯是卯"。

关于"丁是丁，卯是卯"的解释，两种说法虽然不同，但却都说明了做事情要态度认真、准确无误的道理。

乌鸦叫，祸事到

乌鸦，古名乌，俗称老鸹、老鸦，又叫"黑寡妇"，民间认为它是不祥之鸟。据史载，周武王率八百诸侯过黄河伐纣王时，见一只乌鸦落在大帐上，便认为出师不利，是上天不让他们在这个时候讨伐殷纣，于是便收兵而回。

民间有一个公冶长的故事，流传了三千多年，对于这种俗信的解释，提供了一条宝贵线索：传说春秋时有一个叫公冶长的人，是孔子的女婿，懂鸟语。有一天，他走过一片树林子时，忽然飞来一只乌鸦对他说："公冶长，公冶长，南山有一狼，正在吃只羊；快点去，别慌张，赶跑狼，留下羊；你吃肉，我

明代唐寅画的乌鸦

吃肠，肠子挂在树枝上！"公冶长赶到南山，果然见一只恶狼拖着一只羊，他赶走狼，把羊扛回家吃了，却忘了把肠子挂在树枝上给乌鸦吃。乌鸦非常生气，就想法报复他。又一天，乌鸦飞到树枝上，对他又说了"南山一只羊"，公冶长赶到后，却碰到了一个被强盗杀死的人在那里。刚要走开，公差捉住了他，把他押进了公堂，他因此受尽了折磨。乌鸦害了公冶长，人们也从此讨厌乌鸦叫。

实际上，乌鸦和民间被认为是报喜的喜鹊一样，都是平原和耕作地带、村庄和城市树林常见的鸟类。乌鸦在春夏昆虫繁盛的季节，还吃蝼蛄、蝗虫等害虫，也应在益鸟之列。

喜鹊叫，喜事到

"喜鹊叫，喜事到。"民间认为喜鹊能报喜，说："喜鹊堂前列，不久有客到"，"喜鹊叫，客人到，坐一回，不要跑；吃杯茶，吃块糕；客人吃饱了，明天再请早。"喜鹊的"喳喳"叫声，兆有喜客临门；喜客临门，必带来喜事、喜信。那么，喜鹊为什么被人们视为吉祥之鸟？喜鹊是否真能兆喜？

喜鹊招人喜爱，首先因为它是益鸟。其次它不像乌鸦，全身漆黑，像是"黑寡妇"。喜鹊不避人类，白行昼伏，与人日出而作日落而息的生活规律相同，因此，人们愿意把它当作朋友。喜鹊嘹亮、清脆而单调的声音，给人一种欢快的感觉，也是人们喜欢它的原因。还有一个重要的原因，即它的名字里有"喜"字，是个吉祥的名字，也讨得人们的欢心。

既来之，则安之

"既来之，则安之"的本意是既然来了，就要使他们安顿下来，后来也用于表示既然来了，就要安心在这里待下去之意。此俗语出自《论语·季氏》。

孔子不同意季康攻打颛臾，而冉有和季路都是季康的家臣。冉有和季路替自己辩护说："老师啊，攻打颛臾可不是我们的主意，季康大夫非要攻打，与我们何干？"

孔子摇了摇头，说："冉有，你这种说法是不对的，作为季康大夫的家臣，他要做错事，你不去帮他避免，还有什么用呢？关在笼子的老虎、犀牛闯了出来，难道说看守没有责任？收藏在匣子里面的龟板、玉石破损、残缺了，能说保管人员没有责任吗？你们两个现在作为季康的家臣，充当的就是看守和保管的角色呀！"

冉有被训斥了一顿，被迫说出了心里话："老师，您只知其一，不知其二。颛臾挨着季康的领地，如果季康大夫现在不去夺取它，将来会后患无穷啊！"

孔子听了冉有的无理狡辩，很是生气，严肃地对冉有说："如果远方的百姓来投奔自己了，就要通过各种办法使他们安定下来，这才是治国、平天下的道理。你们反而帮助季康谋划攻打颛臾，制造混乱，真是没有道理！"

大礼不辞小让

楚汉相争之时，在鸿门宴上，刘邦险些被项庄暗算，多亏朋友相救，才幸免于难。乘席间如厕之机，卫士劝刘邦赶快逃脱，后者却说："是否应该跟项王打个招呼？"樊哙怒道："大行不顾细谨，大礼不辞小让，今人为刀俎我为鱼肉，何须此顾？"刘邦也许是出于假意，樊哙却发自真心。后来这句话的意思引申为：在重大事情的抉择时刻，过于注重小节是非常危险的。

趣味链接：

抱拳拱手礼

抱拳拱手礼也叫江湖礼，右手握拳在内，左手大拇指屈其余四指伸开展掌在外，双手相合，抱腕当胸，称拱手礼，是后辈向师长行礼。后来发展到平辈和朋友间也行此礼，表达恭敬之意。右手成拳代表武力，左手伸掌掩住，是告诉人要谨守法度，遵守国家和社会秩序，不能以武犯禁；屈起左手大拇指，是告诉人要谦虚谨慎，决不要自称老大；左手伸开的四指代表德智体美；右拳五指与左手伸开的四指合起来，叫作五湖四海。

酒要满、茶要浅

"酒要满、茶要浅"是涉及斟酒倒茶的礼仪要求，类似的说法还有"茶七饭八酒满杯"等。酒要满是指在一般的宴席上，主人为客人斟酒，添至满溢，以显示待客的诚挚。很多地方有头三杯全满全干、不醉不归的习俗，酒要倒满，否则会被人认为待客不周。其实从酒的作用来说，酒精本来就会让人情绪激动，正好可以烘托宴席的现场气氛，所谓无酒不成席，主人满酒敬客又有顺水推舟的合理之处。酒要满，合情合理，适量饮用，无可非议；但要辩证地理解，即在尽情畅饮之时，主客也都要把握分寸，量力而行，不可强行劝酒或逞强贪杯。人们总结出的酒道中有"敬""欢""宜"三大原则，即饮酒过程中表现出足够的敬意、双方都很高兴和适可而止，满酒或劝酒都要以这些酒道为底线。

相对酒满而言，茶要浅。浅与满是相对的，而且这个浅也有分寸可言，如民间有"茶要七分满"或"倒茶只倒七分满，流得三分是人情"的说法，这种"七分满"的浅茶同样是向对方表示尊敬之意，与满酒有异曲同工之妙。因为旧俗以为茶斟得太满是对客人的不敬，类同让客人牛饮，有骂人之嫌。从情理上而言，这种礼仪要求可能出于以下两种情况的考虑：倒得少了，显示不出主人足够的诚敬；多至满溢，客人喝茶不便，主人也尴尬，又是最大的失敬。所以，按照传统的中庸观念，中中为正，中上为善，人们就以不太偏也不太倚的七分为斟茶标准。再者喝茶本是闲暇之时的习惯，不需要烘托什么热闹，与酒席相比，它更青睐于清静悠闲。浅茶则正好适应这

民国时期象牙夔龙酒壶

种慢节奏，似乎有细水长流、来日方长之意，而茶道讲究廉、美、和、敬，七分满的"浅"茶习俗与此互为表里，显示了我国茶文化的崇尚淡雅的鲜明特色。

总之，待客以酒茶，一满一浅，虽有形式上的差异，但都体现了社会交际中以礼敬人和从实际出发的原则。

百闻不如一见

"百闻不如一见"的意思是，听到一百次，总不如亲眼见到一次可靠。

《汉书·赵充国传》里记载了这样一个故事：

西汉宣帝时期，羌人侵入边界。攻城夺地，烧杀抢掠，宣帝召集群臣计议，询问谁愿领兵前去拒敌。

76岁的老将赵充国，曾在边界和羌人打过几十年的交道，他自告奋勇，担当这一重任。宣帝问他要派多少兵马，他说："听别人讲一百次，不如亲眼一见。用兵是很难在遥远的地方算计好的。我宁愿亲自到那里看看，然后确定攻守计划，画好作战地图，再向陛下奏明。"

经宣帝同意，赵充国带领一队人马出发。队伍渡过黄河，遇到羌人的小股军队。赵充国下令冲击，一下子捉到不少俘虏，兵士们准备乘胜追击，赵充国阻拦说："我军长途跋涉到此，不可远追。如果遭到敌兵伏击，就要吃大亏！"部下听了，都很佩服老将的见识。

赵充国观察了地形，又从俘虏口中得知敌人内部的情况，了解到敌军的兵力部署，然后制定出屯兵把守、整治边境、分化瓦解羌人的策略，上奏宣帝。不久，朝廷就派兵平定了羌人的侵扰，安定了西北边疆。

常言说："耳听为虚，眼见为实。"这是一句经验之谈，也是经过多少事实验证的一句话，它强调了亲自观察的重要性。

远水不解近火

"远水不解近火"的意思是远处的水难以救近处的火，比喻缓不济急。语

出自战国韩非的《韩非子·说林上》。

战国时期，鲁穆公当政时，并不冀求与邻邦齐国修好，一心只想结交晋国、楚国，因此他派诸位公子前往晋国和楚国任职。

鲁国大臣犁钮为此事劝谏鲁穆公："假如我们这里有人掉进了河里，派人到遥远的南方去请越国人来救人，虽然越国人善于游泳，但等越人赶来，落水者肯定已救不活了。假如一个地方失火，跑到远处的海边去取水灭火，虽然海水取之不尽，但等到取来海水，大火肯定早已把房子都烧光了，因为远水救不了近火呀！今天晋国与楚国虽然强大，但离我们鲁国远，如果我国遇到了什么危难，他们也来不及赶来救援。而齐国是我们的近邻，鲁国如果有难，难道它不救吗？"

鲁穆公听了，这才开始同齐国交好。

无颜见江东父老

此语出自项羽之口，它记录了一段历史故事。

2000多年前，楚汉相争，楚霸王项羽率部渡乌江西进，和汉王刘邦互争天下，经过五年的恶战，项羽大败。

一日，项羽带领仅剩的二十几名败兵被追至乌江边，乌江亭长已经为他准备了一条渡船，对他说："江东虽小，也还有几千里土地，几十万民众，也足以称王，请大王赶快渡江吧！这里没有别的船，汉军是没法过江的。"项羽笑笑说："想当初我带领八千子弟兵渡江西进，现在无一生还，纵使江东父老不责备于我，我有何面目见他们呢！"接着，又对亭长说："我这匹马，日行千里，我骑着它作战五年，不忍心杀之，现在送给你吧！"

项羽命令剩下的二十几名骑兵一齐下马，抽出刀来，同汉军进行最后一战，单项羽一人，就杀伤了汉军几百人。偶一回头，见汉军的骑兵将领正是熟人吕马童，项羽便对他说："老朋友，汉军不是正以黄金千斤、封邑万户悬赏取我的头吗？来，你拿去请功吧！"于是，自刎而死。

"无颜见江东父老"一语由此而来。

后来人们就用"无颜见江东父老"或"羞见江东"形容辜负了家乡老一辈的培养和期望，不好意思回去。

人怕出名猪怕壮

人怕出名猪怕壮，是说人出了名会招致麻烦，就像猪长肥了就要被宰掉一样。古谚有"人惧名，豕惧壮"（见清代方苞《跋先君子遗诗》），"人怕出名猪怕壮"就是这句古谚的通俗说法。这里还有一个和神医华佗有关的传说。

三国时，魏国大将张辽被曹操封为襄阳牧，镇守襄阳、合肥等重地。一天他回后宅看到八岁的儿子一瘸一拐，便问夫人何故，夫人说，孩子登山玩耍时摔断了腿骨，乡下接骨郎中也没治好。张辽听了很难过。后来有人推荐了一个郎中，经过一个月治疗，孩子的腿完好如初，张辽看到儿子很健康，连说："神医！神医！"这个乡下郎中就是安徽亳县人华佗。后来华佗帮蜀国守荆州的主将关羽刮骨疗毒，名声传遍中原大地。

再后来，曹操请他医治脑疾，华佗诊断后对曹操说："你脑中有一沙粒，名曰混脑沙，须开颅取沙。"曹操生性多疑，怀疑华佗是受人指使杀害他，就把华佗抓进大狱。最后，华佗被害死狱中。华佗死后，亳县家乡父老非常悲痛，他们经过分析、总结得出的结论是："华佗之死，死在他太出名上，就像猪长肥了被宰掉一样，如果他和常人一样，默默无闻地为百姓治病，怎么会被曹操害死呢？"

从此，"人怕出名猪怕壮"作为一句谚语，就在中原一带民众中形成，一直流传至今。

得饶人处且饶人

"得饶人处且饶人"是一句谚语，也是一句格言。《增广贤文》《吴下谚联》中都收有此句。《增广贤文》中有"饶人不是痴汉，痴汉不会饶人"一句，这里的"痴汉"是指不通事理、无理取闹的人，"饶人"是指宽容别人，容忍别人的过错。这句话的意思是：能宽以待人是通晓事理的人，而胡搅蛮缠的人是不会宽以待人的。这句话旨在劝导人们要通晓事理，宽以待人。

具体到"得饶人处且饶人"这句话，要从一个故事说起。

宋代俞文豹的《常谈出处》记录了这样一个故事：蔡州褒信县有个道士，非常善于下围棋，开始只在本县下棋，日久竟无敌手，于是便离开本县向京城走去。走一城赢一城，走一县赢一县。走到京城，和当时的著名国手对弈，竟又赢了。逐年下来，下棋所赢的银子，使他成了富翁，年纪也逐渐老了，他深悔过去下棋过于认真，损伤了很多人的面子，因此，他写了首诗，最后两句是："自出门来无敌手，得饶人处且饶人！"此后下棋便心存容让，有意给人家留点面子，不让别人输得太厉害，他也得了个"国手"的称号。

后人用"得饶人处且饶人"寓意凡是能原谅别人时就宽宏大量一些，别把事做绝了。

寡妇门前是非多

丈夫已逝的女子被称作寡妇，句中的"是非"指的是发生的口舌或纠纷。这句俗语是指寡妇的特定身份既容易招惹宵小的图谋，也更容易招人猜疑。

在封建时代，封建礼教首先是要求寡妇遵守"从一而终"的妇道，即所谓的"烈女不嫁二夫"，在感情失落中过着孤寂的生活。其次要有意回避人前身后，免得招来闲言碎语，如果与男人有所往来，即使是正常的交往，也会遭到非议或指责，产生所谓的"是非"。封建的伦理道德，像压在寡妇头上的大山，像禁锢她们的枷锁，让她们永远不能得到解脱。很多时候，一个寡妇的最好的去处，就是水井，就是大梁，以死明志，换来一个让别人用来炫耀的贞节牌坊。这是制度性的悲哀，也是封建礼教无形的残害。

当今社会，丧偶只是人生一种不幸的经历，只要走出了悲伤，完全能抬起头来走路，更有权利寻得感情的归宿和生活幸福，这也是人性的开放，道德的进步。

拖油瓶

"拖油瓶"在古代是一种对改嫁妇女的子女的歧视性称呼。旧社会的妇女改嫁，前夫所生的子女被带到后夫家去的，俗称"拖油瓶"，其实这样一个奇怪的称呼是以讹传讹，正确的说法应该是"拖有病"。古时候寡妇再嫁，后夫娶寡妇做妻子的，家境一般都不太好。旧社会天灾人祸频繁，一旦寡妇带来的子女有什么三长两短，往往引起前夫亲属的责难。后夫为避免这类纠葛，娶寡妇做妻子时，就要请人写一字据，言明前夫子女来时就有病，今后如有不测与后夫无关，因而人们就把再嫁妇女的子女称为"拖有病"。由于"拖有病"与"拖油瓶"字音相近，就被人说成了"拖油瓶"。

老而不死是为贼

"老而不死是为贼"是责骂老而无德行者的话，出自《四书》。

孔子有一个好朋友叫原壤，是道家学派的大人物。有一天，孔子听闻原壤的母亲去世了，十分悲伤，连夜就起程前往原壤家中吊唁。但孔子见到原壤当时的状态差点被气死：原来原壤随意地坐在地上，手里拿着乐器正怡然自得地演奏。孔子大怒，他抄起手杖就上去打原壤的大腿，嘴里还不停地大骂："你这个东西，小时候不孝顺父母，长大了也一事无成，老了还给别人做坏榜样却不去死，真是个害人贼啊！"

孔子的本意是说人老了更应该给别人做个好榜样，而不是说原壤老了就应该去死。

不是冤家不聚头

不是前世结下的冤孽，今世就不会聚在一起。在民间对岳飞与秦桧的关系，有这样的说法：岳飞的前世是西天如来佛祖头顶上的一位护法神鸟，名为大鹏金翅明王。而秦桧的老婆王氏，则是一只女蝙蝠精，时任西天星官。一日，佛祖如来在大雷音寺讲解妙法真经，正讲到妙处，在莲台之下听经的蝙蝠精忍不住放出一个臭屁，惹恼了大鹏金翅鸟，大鹏金翅鸟展开双翅飞下来，一嘴就啄死了蝙蝠精，蝙蝠精化作一点灵光射出雷音寺，径往东土认母投胎为女，后嫁与秦桧为妻，残害忠良，以报当日之仇。而大鹏金翅鸟因啄死蝙蝠精，受到如来佛祖责罚，被贬下红尘投胎成为岳飞。秦桧与王氏联手害死岳飞，是为了报前世之仇。他们之间可谓"不是冤家不聚头"。

岳飞庙里的岳飞塑像

这就是"不是冤家不聚头"的由来。当然这只是一个传说，不能当真。后来，"不是冤家不聚头"引申为俗语，形容仇人或不愿意相见的人偏偏相逢，无可回避。

男戴观音女戴佛

佛教是人类文明园地中的一朵奇葩，对东方文化及人类文明有着深远的影响。佛法的广大无边、普度众生、消灾解难等思想深深地影响了中国人。在宋代即出现了玉佛、玉观音等佛教偶像，而现在中国人仍存在"男戴观音女戴佛"的说法，即男的戴玉观音，女的戴玉佛，可以趋吉避凶、消灾辟邪。何以如此呢？一种说法是：男人多戴观音，是让男人少一些残忍和暴力，多一些像观音一样的慈悲与柔和，自然就得到观音保佑，平安如意。女人多戴弥勒，是让女人少一些嫉妒和小心眼，少说点儿是非，多一些宽容，要像弥勒菩萨一样肚量广大，自然得菩萨保佑，快乐自在。

远来的和尚会念经

传说，在靠近五台山不太远的地方，有座马头山，山上有座小寺院，叫

马王寺，寺里住着一个叫净空的住持和十几个和尚，马王寺的前身是一座福神庙，香火不旺。净空和尚原是峨眉山的云游僧，后来来到这里，把福神换成了菩萨。一些善男信女前来参拜后，特别灵验，于是祈福消灾许愿的人越来越多，香火也越来越盛。

一次，当地一位大财主，因妻病久治不愈，便来求菩萨消灾保佑。日后妻子果然好了，于是他捐银万两、黄金千两，扩建寺院，重塑菩萨金身。

经过半年施工，新寺落成，全寺上下一片欢腾。和尚们忙着诵经，准备开光典礼。可净空认为本寺原有和尚智慧低、造诣浅，不让他们在开光大典上念经，只是让他们做些扫地、倒茶之类的活计，而念经之事，却让从千里之外的峨眉山请来的二十名和尚来做。整个开光仪式虽然搞得不错，可原有的和尚们却怒气十足，他们说："净空做住持，对我们这些念了十几年经的和尚不相信、不认可，只有远来的和尚才会念经。真是太不公平了。"后来这些和尚陆续离开了马王寺，离开了净空。

"远来和尚会念经"就是从这个传说中来的，现在人们常用这句熟语来比喻瞧不起当地人才，认为只有外来的人才有本事。有时也用来比喻外来的人有本事，因而容易受当地人尊敬。

趣味链接：

和尚为何自称"老衲"？

"老衲"是指年老的僧人，亦为老僧的自称。"衲"字在普通话和粤语中都读"纳"，"衲"有"补缀"之意。旧时社会的物质生活并不像今日这般富足，以衣履来说，平常百姓也仅仅有数件而已。"新三年，旧三年，缝缝补补又三年"曾是穿衣准则。在过去，妇女们平时同街坊邻居闲聊时，为丈夫补衣服、为儿孙纳鞋底儿也是常事。

僧人是清苦的佛徒，自己衲鞋衲衣，他们将化缘得来的布头布片补缀连合，衲成僧衣称"百衲衣"，所以，他们常自称"老衲"或"贫衲"。

鸡毛蒜皮，不值一提

人们在生活中遇到一些无关紧要、微不足道的小事时，常说"鸡毛蒜皮，不值一提"。然而，人们为什么不说"鹅毛葱皮""鸭毛姜皮"呢？

原来，它来源于这样一个故事：从前，有两个做小买卖的，一个是卖鸡的，一个是卖蒜的，两家是东西邻居。卖鸡的整天杀鸡，家里鸡毛满地，卖蒜的整天剥蒜，家里蒜皮乱飞。刮东风时，卖鸡的这家的鸡毛常被刮到卖蒜的那家里去，刮西风时，卖蒜的这家里的蒜皮常被刮到卖鸡的那家里去，为此两家常常互相指责。有一天，两家又发生了争吵，卖蒜的打了卖鸡的一扁担，卖鸡的捅了卖蒜的一刀子。两家相互不服，便告到县大堂。知县听了两家的诉说，觉得为鸡毛和蒜皮而伤人打官司，实有不值。为了教育两家，也为了训导全县百姓，县官判道："鸡毛蒜皮，何值一提？大堂来讼，纯属斗气。各打十板，反省自惕。要再来诉，重刑击毙。"

有人说这个县官断案不公，各打十板，没断清官司。也有的说这个县官清明，昭示人们不得为鸡毛蒜皮的小事而形成争讼之风。断案公不公，至今难说清，不过"鸡毛蒜皮，不值一提"这句俗语却流传下来，直到现在。

不痴不聋，不做家翁

"不痴不聋，不做家翁"是一句古俗谚。《北史·长孙平传》《资治通鉴·唐代宗大历二年》上都有引用。《资治通鉴》第 224 卷载：鄙谚有之"不痴不聋，不为家翁"，女子闺房之言，何足听也？

与这句话相关的还有个著名的故事。唐代中期爆发了有名的"安史之乱"，唐明皇李隆基被逼得几次逃难，国势危殆。这时，郭子仪带领将士多次打败乱军，才使唐王朝转危为安。后来，唐代宗李豫为了奖赏郭子仪，除了给他高官厚禄以外，还把女儿升平公主嫁给郭子仪的儿子郭暧为妻。有一天小两口吵架，升平公主摆起了公主架子，郭暧气愤地说："你是公主又有什么

了不起！皇帝不是全靠我父亲出力才能坐稳皇位吗？我父亲还不稀罕做皇帝呢，要不然早就做了！"升平公主气得立刻跑回皇宫去向李豫哭诉。郭子仪吓得要命，郭暧的话如果被追究起来，是要满门抄斩的啊！于是立刻把郭暧捆绑起来，去向李豫请罪。李豫却不以为然地笑道："俗谚说：'不痴不聋，不做家翁。'儿子、媳妇吵嘴说的话，李大人何必计较呢？"一场大风波就这样平息了。后人还根据这个故事编写了戏剧《打金枝》，京剧、豫剧等各个剧种都有这个剧目。

后人用"不痴不聋，不做家翁"比喻作为一家之主，对于侄辈的一些小过失要装痴假聋，不必追究，否则很难把大家庭维系好。

《打金枝》剧照

趣味链接：

张公百忍的故事

故事发生在唐高宗李治时代。高宗祭祀泰岳路经郓州，听说有一位九代同居的老人，名叫张公艺，便很好奇地顺道去他家里看，问他是用什么方法做到九代同居而相安无事。这位张公艺请求皇帝给他纸笔，要写给他看。结果，他接连写了一百个"忍"字。高宗看了很高兴，就赏赐他许多缣帛。后来就成为历史故事——张公百忍。作为一家之主，必须要具备莫大的忍耐和包容，才能做到家庭安乐而相安无事。张公的族人把张公一生的忍让事迹记录下来，写成《张公百忍全书》，书中《百忍歌》广传于世，明清时几乎家喻户晓。其中有些话，现在读起来还有教育意义：

刘伶败了名，只为酒不忍；陈灵灭了国，只为色不忍；

石崇破了家，只为财不忍；项羽送了命，只为气不忍；

如今犯罪人，都是不知忍；古来创业人，谁个不是忍。

百忍歌，歌百忍；仁者忍人所难忍，智者忍人所不忍。

家有一老，犹如一宝

相传在很久以前，我们的祖先有"六十花甲子"的习俗，就是人活到60岁，如果还没死的话，就要被自己的子女送到野外的"活坟"里去住。所谓"活坟"是用砖砌的一个地窖子，只留一个送饭的小口。遇到孝顺的儿女给老人送饭，老人还可苟延残喘，遇到不孝的儿女，老人只能挨饿而死，非常悲惨。

某朝有个大臣，是一个有名的孝子。他的父亲60岁时，也被送进了"活坟"。他每次上朝回来，就亲自为父亲送茶送饭，顿顿不缺。他父亲带了一只小猫和几本古书住在"活坟"里，每天看书养猫，倒也安然自在。

一天，这个大臣又给他父亲送饭。临走时，不觉悲从中来，用颤抖的声音对他父亲说："这是儿最后一次给您送饭了，回去后就不知死活。儿死不

故宫博物院藏明代吕纪《南极老人图》

要紧，父亲您如何是好呢？"他父亲听了后非常诧异，就要问个究竟，那个大臣便把朝廷上发生的一件奇事告诉他：原来，金殿上不知哪里来了五只怪物，灰色的皮毛，小小的眼睛，尖尖的嘴巴，长长的尾巴，每天在金殿上乱咬乱闹，抓又抓不到，闹得无法上朝。皇帝叫大臣们想办法消除这一灾患，想不出办法就要杀头。他父亲听后想了想说："我儿不必过分忧虑，这不过是五只大老鼠罢了，你把这只猫带到金殿上去，就可以把它们除掉。"大臣听后，十分高兴，依言把猫带上了金殿。这时，五只灰色的东西正在上蹿下跳，十分嚣张，大臣立即把猫儿放了出去。猫儿两眼圆睁，"喵呜"一声，然后猛扑过去。那五只东西吓得四散奔逃，但很快便都被猫儿咬死了。皇帝一见大喜过望，就问大臣怎么想出的办法，大臣就把情况如实讲述了一遍。皇帝听后恍然大悟：老人经历多，见识广，有丰富的经验，是社会之宝啊，怎能如此待他们呢？于是下令取消"六十花甲子"的习俗，命令把老人一律接回家好好赡养。

从此，老人享上了天伦之乐，留下了"家有一老，犹如一宝"的谚语。

一人得道，鸡犬升天

"一人得道，鸡犬升天"出自王充的《论衡·道虚》。

汉高祖有个孙子叫刘安，继承父亲的爵位被封为淮南王。

刘安有个梦想，就是长生不老，得道成仙。为了实现这个梦想，他招募了许多方士，整天沉溺于研究仙术、炮制丹药之中。传说，刘安经过多年的研制，还真的炼出了得道成仙的丹药。他自己吃了丹药后就飘飘悠悠地升上了天，在半空时，他把吃剩的丹药扔在了自家的院子里，家人和家中的鸡、狗都抢着吃仙药。结果鸡、狗吃了仙药也升上了天。一时间半空中有鸡叫有狗吠，引得邻居争相引颈观望。现在这个俗语用

民国时期出版的《淮南子》

来讽刺一个人升官得势了，和他有关系的人也跟着发迹，捞好处。

故事不是真的，只是传说而已，历史上的淮南王刘安的确喜欢寻仙访道，他手下有许多道人、方士。刘安派这些人收集古代典籍，寻找得道成仙的方法，并编了一本书，就是著名的《淮南子》。

福无双至，祸不单行

这是一句反映人们生活现象的俗语，意思是，幸运的事不大可能接连到来，倒霉的事却往往接二连三来临。此语出自汉代刘向的《说苑·权谋》，原句为"福不双至，祸必重来也"，后来演变成"福无双至，祸不单行"。

关于这句俗语流传较广的是清代著名书法家郑板桥写对联的故事（也有的说是纪晓岚的故事）。郑板桥的书法好，受人喜爱，每到年前，贴好的对联常被人夜里揭走，保存起来。后来他就写了"福无双至，祸不单行"这副对联。由于不是吉祥联，此次没被人揭走。第二天他又在此联的下边各添了三个字——"今日至，昨夜行"，使对联成了"福无双至今日至，祸不单行昨夜行"，仍然成为一副吉祥联，偷揭对联的人大有上当被捉弄之感。

前不栽桑，后不栽柳

门前房后，种上几棵树，不仅能美化环境，也是一项经济收入。但是，什么地方栽什么树，民间很有讲究。如：门前一棵柳，珍珠玛瑙往家走；门前有棵槐，金银财宝往家来。

还有一句民谚云：前槐枣，后杏榆，东榴金，西柿银。

最忌讳的是门前栽桑，院中植杨，屋后种柳。谚云："前不栽桑，后不栽柳，院中不栽鬼拍手。"所谓的"鬼拍手"，即杨树，民间又叫"呱嗒手"等。刮起风来，杨树叶子"哗哗"响，惹人心烦，也易为盗者遮音，故此院中不可植此树。桑与"丧"音近，民间忌讳；柳与"流"谐音，屋后植柳，有金钱财宝流出之嫌。

这种俗信，应是汉唐以后形成的。因为，在湖北云梦睡虎地 11 号秦墓出土的竹简中，有门前植桑的简文。这条简文讲的是某乡一个官吏奉县丞之命，查封一个人的家产，此人家产有："一字二内，各有户，内室皆瓦盖，木大具，门桑十木。"意思是说，这人有堂屋一间、卧室二间，都有门，房屋都用瓦盖，木构齐备，门前有桑树十株。可见，当时云梦一带并不忌讳门前植桑。云梦古属楚地，楚地巫风极盛，素以"好巫鬼，重淫祀"著称，却不见"前不栽桑"这条俗信。君不见蚕茧之乡遍地皆桑，也不忌讳房前屋后，并以"桑梓"代称故乡。

"前不栽桑，后不栽柳"这一俗信，乃后人的一种求吉心理，也是一种迷信说教，我们今日理应摒弃；"院中不栽鬼拍手"，是为了安静，尚有一点道理。

不当家不知柴米贵

柴米，在这里所指的是必不可少、又因其琐碎易被人忽略的开销。这句俗语指作为一个旁观者而不是身介其中，往往不能理解"过日子"的艰难。常言道："家有千口，主事一人。""主事"就是主持或管理家事，也就是俗语中的"当家"之人。从古至今，不管豪门巨贾，还是小家小户，在家庭生活中，总需要有一个人去安排与处理家庭内部的日常生活事务。

这项工作看起来似乎简单而无足轻重，但实际上却很繁杂琐碎：养老育小、男婚女嫁、生老病死、衣食住行等各个方面，当家人都要想到、做到，这样才能使一个或大或小的家庭无是非、无纷争，才能和睦相处，否则不是破败衰落，就是困窘艰难。

"柴米贵"不是单指柴钱米钱的一个"贵"字，而且还有它丰富的内涵与外延：主持家政和操劳家务不仅要劳心劳力，还得在管理与安排之中，体味酸甜苦辣、艰辛困苦，要知道如何运用收入来应付支出，事无巨细都要经过认真设想与考虑，哪里会像"少不更事"的年轻人"饭来张口，衣来伸手"那样轻松自如？

北宋文学家司马光写过名为《训俭示康》的文章，南宋理学家朱熹也写过《治家格言》，这些文字都告诉我们俭以养德的道理。所以不管当不当家，都应该知道"柴米贵"，千万不能大手大脚，花费无度。

绳锯木断，水滴石穿

宋朝罗大经编撰的《鹤林玉露》中有这样一则小故事。

崇阳县（今属湖北省）县衙门里有一个管理钱库的库吏，有一天下班回家时，被发现头巾里有一枚小钱。追问之后，库吏承认，这枚小钱是从钱库里偷取的。县官张乖崖知道了，便把他拘押起来，并且把他责打了一顿，还要判他盗窃国库的重罪。这个库吏不服，说道："我只拿了一枚小钱，这有什么大不了，你却要拘我、打我！哼，你至多打我，难道还能杀我？"张乖崖见他态度很不好，不禁大怒，偏偏判了他一个死罪，判决书上写道："一日一钱，千日一千；绳锯木断，水滴石穿。"库吏于是被斩首。

《汉书·枚乘传》载，枚乘曾说过："泰山之溜穿石，单极之绠断干。"这是"绳锯木断，水滴石穿"这句成语较早的一种说法。

这句俗语同时还有这样的意思：只要努力不辍，长年累月地坚持下去，即使能力有限，任何困难终可克服。

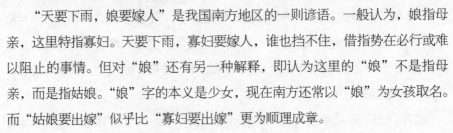

天要下雨，娘要嫁人

"天要下雨，娘要嫁人"是我国南方地区的一则谚语。一般认为，娘指母亲，这里特指寡妇。天要下雨，寡妇要嫁人，谁也挡不住，借指势在必行或难以阻止的事情。但对"娘"还有另一种解释，即认为这里的"娘"不是指母亲，而是指姑娘。"娘"字的本义是少女，现在南方还常以"娘"为女孩取名。而"姑娘要出嫁"似乎比"寡妇要出嫁"更为顺理成章。

嫁鸡随鸡，嫁狗随狗

"嫁鸡随鸡，嫁狗随狗"是一句流传久远的民间俗语，《辞海》释"嫁鸡随鸡"，意思是"比喻女子嫁后，不论丈夫好坏，都要永远跟从"，这是封建礼教对妇女的迫害。而"嫁狗随狗"，义同"嫁鸡随鸡"。两者常常并用。实际上，这一俗语原为"嫁乞随乞，嫁叟随叟"，意为一个女人即使嫁给乞丐和年龄大的人也要随其生活一辈子。后来，随着社会和时代的变迁，"嫁乞随乞，嫁叟随叟"演变成了"嫁鸡随鸡，嫁狗随狗"。

嫁汉，嫁汉，穿衣吃饭

中国的传统思想，嫁汉，嫁汉，穿衣吃饭；娶妻，娶妻，繁衍生息。在封建社会，女孩子长到十七八岁的时候，就要根据自家以及个人的情况，通过媒人的介绍，嫁给一个年龄、相貌基本相当的男人，从此以后，穿衣吃饭的问题就算有了依靠。在封建社会，男人出外谋生，女人在家操持家务，正常的百姓家，过着男耕女织的普通日子。在当时，一般的平民百姓间，家家户户的女孩子都是如此，于是自然地形成一句"嫁汉，嫁汉，穿衣吃饭"的俗语。这句俗语，实际上揭示了过去封建社会普通人家的妇女没有权利，没有地位，不能独立自主的处境。

在当今社会，这种说法过时了。如今男女平等，同工同酬，女人可以不再依附男人，可以独立自主，也可以过上舒心的日子。

夜猫子进宅，无事不来

夜猫子，学名鸱鸮、猫头鹰，古名枭。在民间，夜猫子却被当成了一种不祥之鸟。早在几千年以前，人们就很讨厌它，说它是"恶声之鸟"。史书记载，西汉贾谊见到一只夜猫子飞进他的宅室，便打开占卜书，书中说，这种鸟飞到宅室，预示着主人将要死去。

这种民间俗信，主要是基于夜猫子的生活习性。古代的人们认识夜猫子，是以它的外形、生活习性为主，并赋予其比附的民俗意义的。夜猫子夜出昼伏，习性似乎与鬼是相同的，像个幽灵，被称为"黑游神"；夜猫子栖居在荒丘丛棘之中，或坟墓里面，容易接近游神野鬼，阴气重，人们以为它可以与阴间来往，是勾魂鬼；夜猫子还有食母习性，为不孝之鸟。最为人厌恶的，是夜猫子凄厉的叫声和恐怖的笑声。民间又把夜猫子的声音分为两类，一类是尖利的"啾啾"的叫声，一类是一连串的"呱呱"的笑声。后一类"呱呱""哇哇""嘎嘎"的长笑，刺破寂静的夜空，令人毛骨悚然，胆战心惊，故又有"不怕夜猫子叫，就怕夜猫子笑"之说，以为其笑声尤凶："远笑老，近笑少，不远不近笑大嫂。"就是说，夜猫子在远处笑，要死老年人，在近处笑，要死小孩，在不远不近的地方笑，要死中年人。

这种俗信是没有科学道理的。夜猫子的停留、定居与否，与那个地方鼠类数量的多少有相当密切的关系。老鼠多，灾害多，夜猫子也多，所以在古人眼里，夜猫子便与鼠灾、歉收、饥荒、死亡联系起来、等同起来了。

舍不得孩子套不住狼

人们在谈到做一件事必须付出代价时，常常随口应用这句俗语："舍不得孩子套不住狼。"意思是：为了捉住狼，要拿孩子去引诱，引申为为了达成目的，可以舍弃一切。其实，这句俗语不是这个意思——要是为了打狼而舍弃孩子，那么猎人这个职业早就没人做了。这句俗语的原版应是"舍不得鞋子套不住狼"。

过去居住在山林附近的人家，常常遭狼祸害，家畜被咬死，甚至连老人

小孩也被侵害。为了保证安全，人们便想法去捉狼，其中最有效的方法是套狼。为了诱骗狼上套，常常在套前以鞋作伪装，狼见了鞋子便以为有人在，当它发现自己上了当时，已经身在套中了。所以，要舍不得在套子前面放上双鞋子，那就不能套住狡猾的狼。

还有一种意思是，为了抓住狼，就不要怕跑路、不要怕费鞋。由于"鞋子"在我国不少地方方言中读"hái zi"，这个读音被异地方言区误读成了"孩子"。于是，"舍不得鞋子套不住狼"沿传下来，便成为"舍不得孩子套不住狼"了。

不是一家人，不进一家门

"不是一家人，不进一家门"是民间一句十分流行的俗语，它认为某二人结成夫妻是必然的。民众普遍认为，人的婚配是由上天决定的，具体则由专司人间婚姻之事的月下老人掌管。月下老人暗中用一根红绳将二人拴住，任凭天

清末一家五口人合影

涯海角，也终有一天会成为眷属。虽然"不是一家人，不进一家门"是典型的宿命论，但这种观念对婚配成功与否还是有积极作用的。

"不是一家人，不进一家门"在民间还作为一种家庭和睦的俗语而被传信着：既然进了一家门，就是前世有约，今生有缘，就是一家人，就要亲密无间，互疼互爱，白头到老；既然是一家人，儿媳待公婆就如同待父母，公婆待儿媳就如同待亲生女儿，这样一来，岂不就融洽和美了吗？一些小摩擦、小打小闹，也会被"一家门，一家人"的观念所化解、所消除。这样说来，"不是一家人，不进一家门"还是构建和谐社会的一个黏合剂。

嫁出去的女儿泼出去的水

在封建社会，人们习惯把出嫁的女子比喻成泼出门的水。因为过去女儿嫁人后天天在婆家，给婆家干活生孩子，只有逢年过节才回娘家看看，父母老了一般也不让女儿养。女子嫁人后，尽管表面上还保留着固有的血缘关系，实际上却是由十分亲密渐渐地走向疏远，像水一样"泼"出门外了。

现在不一样了，儿子女儿都一样，法律上也享有同样的赡养义务和继承权利。

儿大不由爷，女大不由娘

"爷"在古代一般不用来表达"祖父"的含义，而是父亲的意思。如《木兰辞》："且辞爷娘去，暮宿黄河边。""儿大不由爷，女大不由娘"的意思

金梅生（1902—1989）绘《西厢记》，画里面的张生和崔莺莺属于自由恋爱

是说儿女一旦长大成人，有了独立的思想，父母便做不了他的主。

在封建时代，伦理纲常观念严重，家长制度的存在使得父母在子女的事情上具有绝对的权威，就连结婚也必须遵从"父母之命，媒妁之言"。男孩一生下来便读书，见世面，由父亲管教的比较多。女子无才便是德，常常锁在深闺，与母亲学习绣花等女工，主要是由母亲教诲。儿女长大后，逐渐脱离对父母的依附，对周围的事物的认识由感性到理性，逐渐形成自己的思想和性格，有了自己的社会生活，有了自己的工作圈，有了自己的交际圈，有了自己的兴趣爱好，父母和儿女两代人之间，常常会对一些事物或问题持有不同的看法，也就是我们常说的"代沟"。例如在婚姻问题上，父母受传统礼教的影响，认为男婚女嫁应该多听老人的意见，儿女不能自作主张，而儿女则认为应由自己选择婚配对象，父母不能横加干涉。年轻人普遍认为自己的观念是民主的，父母的思想意志不能强加在儿女身上，对此，父母常常产生"儿大不由爷，女大不由娘"的慨叹。

民国时期的少女照

女大十八变，越变越好看

俗话说"女大十八变，越变越好看"，对这句话一般的解释是，女子正值十八岁妙龄，容貌会变得越来越美。其实并非如此，这里的"十八"，不是专指年龄，而是指变化之数，意思是少女面貌多变。

那么为什么人们要用"十八"来形容"多变"呢？这个与《易经》中所述的爻卦有关："十有八变而成卦。"传说周文王被囚羑里时发愤钻研，将八卦中的两卦相叠，进行组合排列，演变为六十四卦，三百八十四爻，其中由于爻卦的相互组合，变化多端，六十四卦中，每卦都有十八次变化，故胡朴安《俗语典》云:"凡事物之多变者,俗并以十八言之。"由此,"十八"便成为一种套数。

人不可貌相,海水不可斗量

"人不可貌相,海水不可斗量"是指不要以貌取人,而要客观、全面地衡量一个人。这一俗语源自春秋时期的一个故事。

春秋时期,有一个青年叫澹台灭明,字子羽,相貌丑陋,还带有几分凶相。一天他来到孔子门前,请求孔子收他做学生。孔子见他长得难看,心里很不愿意,但又没好意思加以拒绝,勉强收下了他。后来事实证明,子羽是一个品行端正、勤奋好学的人,且学识出类拔萃。后来,子羽到南方一些国家讲学,深受爱戴,一时间弟子竟达3000人,成了知名学者。孔子感慨万分,后悔当初不该怠慢子羽,他痛心地说:"以貌取人,失之子羽!"

明代仇英画《孔子圣绩图》中的孔子形象

后来就引申出"人不可貌相,海水不可斗量"这句俗语,比喻不能只根据相貌、外表判断一个人,如同海水是不可以用斗去度量一样,不可根据某人的相貌低估其未来。

三十年河东,三十年河西

"三十年河东,三十年河西"用来形容世事盛衰兴替,感叹世事变化无常。在古代,黄河河床较高,泥沙淤积严重,经常改道,每次改道后,就会出现一个村子以前在河的西岸,后来就变到东岸去了的现象。人们也常说"三十年河东,三十年河西"。

此俗语也有一个有趣的故事。从前在中原地区有两个毗邻的村庄,中间被一条河隔开，河东边的叫河东庄，河两边的叫河西庄。

河东庄是个富村，住的多是富户，他们有田有地，有车有马，做官经商，有权有势。河东庄因富足而出名，人也傲气十足，有人问起"你是哪里人？"时，他们都骄横地回答："河东的！"

河西庄是个穷村，住的多是穷人。他们住土房草舍，有的没田没地，靠给河东富户打长工或短工生活。河东人以富自居，常瞧不起河西人。河西人坚信，将相本无种，富贵不由天，因此他们勤奋敬业，也很重视子弟的教育问题。

岁月更替，斗转星移。三十年后，河水仍在流，但两个村的情况调了个儿：河东人的子弟，因甜不知苦，骄奢淫逸，整日斗鸡遛狗，赌博嫖妓，游手好闲，不务正业，做官的因贪犯事，经商的坑人害己，几个大户都衰败下来，他们卖宅去地，跌入穷境；河西村的子弟，有的高中做官，有的学会做生意，即使无田无地靠打工生活的，也都置地盖房，村子很快兴盛起来。

有一位老人目睹两个村三十年的变化，由衷地叹道："富贵不是常青树，贫穷不能穷到底，三十年富河东变成穷河东，三十年穷河西变成富河西。"后来，人们常用"三十年河东，三十年河西"来比喻贫富更替，兴衰无常。

土相扶为墙，人相扶为王

此俗语典出《北齐书·尉景传》："景有果下马，文襄求之，景不与，曰：'土相扶为墙，人相扶为王，一马亦不得畜而索也。'"

北魏大臣高欢被封为文襄王，大权在握，有废除魏王、自立为帝的野心。另一大将尉景看透了他的意图，有意投靠他。尉景有一匹马，能日行千里，高欢十分喜欢，便向他索取。尉景故意不给他，并且说："俗谚讲：'土相扶为墙，人相扶为王'，你我应该互相扶助。我有一匹好马，你也放不过，你的心胸为何这么狭窄呢？"高欢听了，觉察自己做得不对，于是赶紧向他告罪。后来，他的次子高洋废魏王自立为北齐皇帝，很得尉景的帮助。后人用"土相扶为墙，人相扶为王"这个俗语比喻人们应该相互帮助才能成大事。

老话说得好——不可不知的民谚俗语

井深槐树粗，街阔人义疏

此俗语典出明代朱国桢《涌幢小品》。

在朱国桢的《涌幢小品》里记录了这样一件事：王曾，号沂公，山东青州人，是连中三元的状元。有一次，宋真宗问王曾："听说你老家青州有个谚语'井深槐树粗，街阔人义疏'，是什么意思？"王曾回答说："土层厚了，地下水就深了，槐树的根就要往深了长，才可以吸到水，那么树根就扎得更牢固，树干自然就长粗了；街道变宽了，是因为街上来往的人、车多了，经济繁荣了，人们的生活富裕了，但是都忙着各自的事情，人和人之间的来往就少了，人情也就淡了。"宋真宗听了以后，觉得说得很对。

此语应该这样解释：槐树需要水，地下水深了，槐树根就深深地往下长去吸水，根深，杆就粗了；而市民就不一样了，生活富裕了，很多事情花钱就可以办到，人和人之间的关怀和帮助没了，人和人之间的信任也就没了，关系慢慢就疏远了。"井深槐粗"是和"街阔义疏"相对比而言的。

上无片瓦，下无插针之地

此俗语出自宋代释道原的《景德传灯录》中夹山和尚与船山和尚的对话。

深夜了，寺内的讲经堂内还灯火通明，几个老和尚坐在讲经堂内讲经说法，夹山和尚问："什么样的人才算有了道呢？"

船山和尚顺口笑道："此人，上无片瓦，下无卓锥。"意思是：有道的人，他心中一无所有，头上连瓦也没有一片，脚下连插锥那样小的地方也没有。另一个和尚点点头说："我们出家人就是这样，要想学道，就必须什么都不想，只能一心想着成佛。"

后人把"上无片瓦，下无卓锥"说成"上无片瓦，下无立锥之地"或"上无片瓦，下无插针之地"，用来形容人穷得头上连一片瓦（即无住房）都没有，脚下连插针那么点儿的地（耕地）也没有。

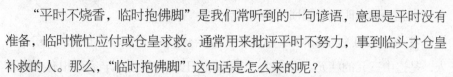

平时不烧香，临时抱佛脚

"平时不烧香，临时抱佛脚"是我们常听到的一句谚语，意思是平时没有准备，临时慌忙应付或仓皇求救。通常用来批评平时不努力，事到临头才仓皇补救的人。那么，"临时抱佛脚"这句话是怎么来的呢？

据说，这句俗话是东汉时由外族人传入中国的。相传云南的南面有一个国家，举国上下都是虔诚的佛教徒。有一次，一个被判了死刑的罪犯在深夜挣断了锁链和木枷越狱逃跑了。第二天清晨，官府发现后即派兵丁差役四处追捕。那个罪犯逃了一天一夜后已精疲力竭，眼看追兵已近，他自知难以逃脱，便一头撞进了一座古庙。这座庙宇里供着一座释迦牟尼的坐像，佛像高大无比，罪犯一见佛像，心里悔恨不已，抱着佛像的脚，号啕大哭起来，并不断磕头表示忏悔。这个罪犯一边磕头，一边不停地说："佛祖慈悲为怀，我自知有罪，请求剃度为僧，从今往后，再也不敢为非作歹！"不一会儿，他的头也磕破了，弄得浑身上下都是鲜血。

正在这时，追兵赶到。兵丁差役见此情景，竟被罪犯的虔诚信佛、真心悔过的态度感动了，便派人去禀告官府，请求给予宽恕。官府听后，不敢做主，马上禀告了国王。国王笃信佛祖，赦免了罪犯的死罪，让他入寺剃发当了和尚。后来该国的和尚来到中土传经，也就顺便将"平时不烧香，急来抱佛脚"这句话传入中国了。

酒肉穿肠过，佛在心中留

"酒肉穿肠过，佛在心中留"又作"佛在心头坐，酒肉穿肠过"。这句俗语出自《济公全传》。

宋朝时，杭州灵隐寺有个和尚，名叫济颠，被老百姓称为"济公活佛"。他戴顶破帽子，拖着双破鞋，拿把破扇子，说话疯疯癫癫。一般和尚是不吃荤的，他却又喝酒，又吃肉。他说："人人修善全在自己心上，不在一张口上，'酒肉穿肠过，佛在心中留'。"他善于治病，喜欢帮助穷人。当时秦桧当宰相，听说他是"活佛"，恰值其子得了大头病，其妻王夫人怀孕，就请济颠来看病。

席间济公不愿喝闷酒，就和秦桧打赌，对对子。对上了，秦桧输一万两银子；对不上，允许秦桧去拆由济公筹资建的大牌楼。秦桧自恃才高，瞧不起济公，济公知道秦桧是奸臣，想嘲弄他。秦桧出拆字上联："酉卒是个醉，目垂是个睡，李太白抱酒坛在山坡睡。不晓他是醉？不晓他是睡？"济公笑着对道："月长是个胀，月半是个胖。秦夫人怀抱大肚子满院逛，不晓她是胀？不晓她是胖？"济公对上了，赢了一万两。秦桧不服气，又出对："佛祖解绒绦，捆和尚扣颠僧。"济公又对道："天子抖玉锁，拿大臣擒丞相。"又赢了秦桧一万两，把秦桧气得要死。后来，秦桧派了个名叫何立的人去抓济公。何立进了灵隐寺，只见济公坐在蒲团儿上，哈哈大笑说："何立从东来，我向西方去。"说完死了，并有遗书一封交送秦桧，责备他弄权卖国，说他绝无好下场。现在灵隐寺中，塑有济公活佛像。

后人用"酒肉穿肠过，佛在心中留"或"佛在心头坐，酒肉穿肠过"来比喻只要坚持原则，不必拘泥小节。

师傅领进门，修行在个人

"修行"一词原是佛教用语，宗教信徒出家之后，要诵经礼佛、参禅悟道，师傅帮决心出家的人完成剃度，就算是把徒弟领进门了，后来的修行主要看个人的悟性，也就是说要想大彻大悟，修成正果，就要靠个人的努力。"师傅领进门，修行在个人"这句俗语的引申义是：想要在学识、品行、技艺等方面取得成就，除了师傅的指导外，更重要的是要靠个人的"修行"。

很多人进入社会，在工作中有人指导，但是学习的程度、掌握的技巧都有差别，很快就能出现高低之别。有的人由于能刻苦钻研，遇到困难不屈不挠、精益求精，最后成绩卓著成为佼佼者；有的人既不踏实又不勤奋，结果虚度年华，平庸无奇。同一个老师指导的，个人成就却不能相提并论，究其原因，除素质、智力和悟性等自然因素外，关键还在于个人的决心和毅力。常言说：一分耕耘，一分收获；十分耕耘，十分收获。耕耘与收获永远是成正比的。

趣味链接：

大师傅

人们对木匠、瓦匠称师傅，对石匠、铁匠也都称师傅，唯独将做饭的称为大师傅，将助厨的称为二师傅。说起大师傅的由来，还有一则民间故事。

古时有个皇上，一次来到修建宫殿的工地上，就让各工匠说说自己的本领，谁的本事大，就封谁为师傅。众工匠都不服气，抢着表自己的功劳，皇上就干脆把他们都封为师傅。

工地上给工匠们做饭的，是一对姐妹。姐姐见工匠们都有封号，便也凑过来讨封。没想到，那些被封为师傅的工匠们说："做饭算什么行当？"姐姐很生气，就决定饿他们一次。

众工匠干完活，都跑到饭棚去吃饭，却见灶房里没动烟火，就来责问姐妹俩。姐姐说："做饭不算个行当，那你们就自己做吧！"

众工匠向皇上报告此事，皇上问："那这做饭的到底算不算个行当？"这些能工巧匠饿得肚子咕咕叫，连忙答道："做饭算行当，太算行当了！"

于是，皇上叫人把姐妹俩找来，准备封她们为师傅。姐姐摆摆手，指着工匠们对皇上说："他们都是师傅，却做不了饭；给我的封号，得比他们大！"皇上说："那就封你为大师傅吧。"姐姐乐了，指指帮自己做饭的妹妹，问："她呢？"皇上顺口说："你是大师傅，那她就算二师傅吧。"妹妹一听，也很高兴。

就这样，做饭的就被称为大师傅，助厨的就被称为二师傅了。

好事不出门，恶事传千里

在生活中，经常会听到"好事不出门，恶事传千里"这句俗语。其实这句话在宋代就出现了，宋代释道原的《景德传灯录》中用过这句话。这里还有一段与此相关的故事。

宋太祖赵匡胤年轻时好打抱不平，行侠仗义，属于小说中的"侠客"。这日，他在太原清幽观发现里面锁着个年轻貌美的姑娘，哭哭啼啼，一问才知她名叫赵京娘，被强盗所掳，寄顿在此，清幽观道士害怕盗威，不敢放她。赵匡胤一听大怒，放开京娘，告诉道士们："我把人带走，强盗来了就说我放了她，不服来找我赵匡胤！"接着把马让给京娘骑，千里迢迢送京娘回蒲州家乡。一路上两人兄妹相称，历尽艰险，京娘病了，赵匡胤还悉心照顾。京娘内心也很喜欢赵匡胤，但是没说出来。到了蒲州，京娘父母忽见女儿回来，喜出望外，设宴款待赵匡胤。千里送京娘本

明代人画的赵匡胤像

为好事，可赵匡胤回到太原后，太原却遍传他劫掠京娘的故事，年轻的赵匡胤有口难辩，哀叹："真是好事不出门，恶事传千里。何况我之作为并非恶事呢？可见人心不古。"后人用"好事不出门，恶事传千里"比喻世风不好，专喜传恶，不愿扬善。

后来，冯梦龙的《警世通言》第二十一卷讲的就是"赵太祖千里送京娘"的故事，后人根据《千里送京娘》的故事改编了多种经典戏曲，有京剧、越剧、昆曲、潮剧、川剧和滇剧等。

水不激不跃，人不激不奋

这句俗语出自明代冯梦龙的《古今小说》。

大唐贞观年间，博州有一人名马周，自幼精通书史，广有谋略，却年过三旬无房无产，一贫如洗，孤身一人。博州刺史达奚欣赏他的才识，聘他为本州助教，马周屈居低位，郁郁寡欢，也不甚理事，每日借酒浇愁，几次喝得酩酊大醉，被达奚撞见，达奚厉色严词责备。马周叹道："我只为孤贫无援，竟

屡被刺史责辱，这个助教官儿，也不是我终身之业。"说后，仰天大笑，弃官竟奔京城而去，到了京城寄居在寡妇王媪家，王媪待他十分周到。朝中，中郎将常何不识字，正欲觅个文士，对付文稿等事。王媪识得常府苍头（仆人），便将马周转荐给他。又值唐朝太宗诏五品以上官员，都要直言得失，以凭采用。常何官职不低，也该具奏，没奈何姑且命马周代笔，草成奏章二十条，连夜缮写整齐，早朝进呈。太宗看罢，事事称善，便问常何道："此等见识议论，量来非你自己想的，你从何处得来？"常何拜倒在地，口称："臣犯了死罪。我确实写不出来，这是门客马周所作。"唐太宗立即召见马周，即日拜为监察御史。从此马周青云直上，不到三年，做到吏部尚书，成为唐朝一代名臣。

达奚刺史任满回京，听得吏部尚书是马周，自知得罪他许多，惶惑不安。马周晓得此情，再三邀请相见，说道："昔日嗜酒误事，刺史教训我是对的，是我的错。况且，'水不激不跃，人不激不奋'，没有人的责备，我哪会有今天呢？"即日举荐达奚为京兆尹。马周又感激王媪的恩情，和王媪结了婚，白头偕老。后人用"水不激不跃，人不激不奋"这个典故比喻人在遭受重大刺激之后才会奋发图强。

人无千日好，花无百日红

"人无千日好，花无百日红"比喻好景不长或友情难以持久。《水浒传》里宋江在柴进庄上遇武松一事引用了这一俗语。

宋江杀了人，投靠到有财有势又好结交江湖英雄的柴进庄上，极蒙优待，吃酒席吃到初更左右，宋江起身去解手，他已有几分醉意，走路不稳，只顾踏去。那廊下有一个大汉弄了一锨火在那里烤火，宋江正踏在火锨的柄上，把火锨里的炭火都掀在那大汉脸上。那大汉气将起来，把宋江劈胸揪住，大喝道："你是什么鸟人？敢来消遣我！"宋江正分说不得，庄客慌忙叫道："不得无礼，这位是大官人最相待的客官。"那大汉道："'客官''客官'，我初来时，也是'客官'，也曾相待得厚，如今却听庄客搬口，便疏慢了我，正是'人无千日好，花无百日红'。"原来这大汉姓武名松，初来投靠柴进时，也与宋江一般被接纳、款待，此后留在庄上，但吃醉酒后，庄客有些管顾不到便下拳打他们，因此满庄庄客都嫌他，去柴进面前告他许多不是。柴进虽然不赶他，只是相待怠慢了。

"人无千日好，花无百日红"这个谚语现指人生不是一帆风顺，而是会经历各种挫折与磨难。

宁为太平犬，莫作离乱人

《醒世恒言·白玉娘忍苦成夫》中讲述了一个"宁为太平犬，莫作离乱人"的故事。

宋末元初，有一个叫程万里的人，原是官宦子弟，去江陵投奔亲友，谁知在路上遇到元将兀良哈统率精兵杀来。夜里逃难的人奔走不绝，哭哭啼啼耳不忍闻。程万里奔避不及，被元兵一索捆翻，送给大将张万户为奴。张万户把掳来的男女带回家中，强壮的留下几个，其余的都转卖给人。张万户把留下的奴婢召集起来，说："你等或有父母妻子，料必死于乱军之中，你们幸亏遇着我，若逢着别人，怕已死去多时了。今晚分配妻子给你们，今后安心在此，勿生异心。"晚上，张万户果然把掳来的妇女胡乱分配一通，真是"宁为太平犬，莫作离乱人"。

古画中的元代人形象

程万里分配到的女子叫白玉娘，是宋朝武将之女，父亲殉国阵亡，她便被掳来做了奴婢。白玉娘是个有志气的人，力劝程万里潜逃摆脱奴隶命运，被张万户发觉，她因此又被转卖出去，后来做了尼姑。程万里后来成功潜逃，回到南宋领地，逐渐做了大官，因感念白玉娘而终身不娶。后来时局逐渐安定，程万里千方百计竟然找到了白玉娘，尽管分别了二十来年，两人相爱之心不变，终于获得团圆。

过去的木制扇子

后人用"宁为太平犬，莫作离乱人"这个典故比喻乱世里人们的生活绝无保障，性命比狗还贱，因此羡慕太平时期的狗。

一九至二九，扇子不离手

"一九至二九，扇子不离手"指的是夏至节气的特点。夏至是中国历史上最早测定出的二十四节令之一，又是民间传统节日。农历芒种节后十五天为夏至，农历夏至是白天最长的一天。

夏至，古时又称夏节。在《吕氏春秋·有始》中有云："夏至，日行近道，乃参于上"，是较早的记载。汉代已成为较重要的节日。当然，由于此时正值夏忙，所以节日活动较少。夏至后，人们多要进行种种防暑工作。人们要吃凉食，歇晌午眠，吃补食，以迎接夏收、夏种的繁忙节令。防暑的冷食、凉食在夏至大行其道。

最能反映我国大部分地区气候特点的是最近在湖北省老河市一座禹王庙正厅的榆木大梁上的《夏至九九歌》，全文是：

夏至入头九，羽扇握在手；二九一十八，脱冠着罗纱；三九二十七，出门汗欲滴；四九三十六，卷席露天宿；五九四十五，炎秋似老虎；六九五十四，乘凉进庙祠；七九六十三，床头摸被单；八九七十二，子夜寻棉被；

九九八十一，开柜拿棉衣。

北方农村的《夏九九》歌的内容是：

一九至二九，扇子不离手；三九二十七，冰水甜如蜜；四九三十六，汗湿衣服透；五九四十五，树头清风舞；六九五十四，乘凉莫太迟；七九六十三，夜眠要盖单；八九七十二，当心莫受寒；九九八十一，家家找棉衣。

趣味链接：

《九九歌》

远在公元前的春秋战国时代，《九九歌》就已经被人们广泛使用。在当时的许多著作中，都有关于《九九歌》的记载。《九九歌》到唐宋时已经很流行。由于各地气候冷暖不一，人们创作时着眼点各有差异，所以各地的《九九歌》也就有些区别。

如北方的《九九歌》说："一九二九不出手；三九四九冰上走；五九六九，沿河看柳；七九河开，八九雁来；九九八十一，家里做饭地里吃。"

"五九半，凌消散。春打六九头，七九六十三，路上行人把衣担。八九不犁地，不过三五日，九尽杨花开。"

湖南的《九九歌》说："冬至是头九，两手藏袖口；二九一十八，口中似吃辣椒；三九二十七，见火亲如蜜；四九三十六，关住房门把炉守；五九四事务，开门寻暖处。六九五十四，杨柳树上发青绦；七九六十三，行人脱衣衫；八九七十二，柳絮满地飞；九九八十一，穿起蓑衣戴斗笠。"

坝上的蔚县则说："一九二九，哑门（形容张嘴）叫狗（形容打嗝儿）；三九四九，冻破碌碡；五九六九，开门大走；七九河开河不开，八九雁来雁准来；九九河重冻，米面撑破翁。"

只许州官放火，不许百姓点灯

"只许州官放火，不许百姓点灯"典出宋代陆游的《老学庵笔记·卷五》。

说的是宋代一名叫田登的人做了州官，不准百姓说"登"，"灯"与"登"同音，连"灯"也不许说。而当时的老百姓每天要点灯照亮，怎么办呢？作为州官的田登太"有才"了，他规定以后"点灯"叫"点火"。那可热闹了，人们每天晚上都要"点火"来照亮屋里。这年的元宵节照例要张灯五夜，田登于是贴出布告说："本州依例放火五日。"气得老百姓称他为"放火州官"，同时用"只许州官放火，不许百姓点灯"来讽刺统治者为所欲为的行为。

屋漏更遭连夜雨，船迟又遇打头风

"屋漏更遭连夜雨，船迟又遇打头风"是一句古谚，文言小说中常常引用，用来比喻祸不单行。《醒世恒言》讲述了这样一个故事：

明朝天顺年间，有个官居吏部给事中的人名叫马万群，生一子名叫马德称。德称聪明好学，12岁就中了秀才，家里又富贵，人人以为他早晚会飞黄腾达，邻人黄胜把妹妹六瑛许与德称为妻，但因德称用心读书，年过二十尚未成婚。谁知马万群弹劾奸宦王振，反被王振诬以贪污万两赃银，削职追"赃"，家产被估价官卖一空。万群一病身亡，留下德称在坟堂中栖身，孤穷不堪，衣食不周，于是他便去杭州投奔表叔，谁知表叔十日前死了；再到南京访故旧，则故旧或升、或转、或死、或坏了官，一个也投不着。盘缠用尽，只好寄食佛寺。家乡学官因他误了考，把秀才头衔也申黜了，真是"屋漏更遭连夜雨，船迟又遇打头风"，自此，德称的命运更不佳：运粮赵指挥请他做门馆先生，粮船沉没了；刘千户请他教八岁的儿子，没多久，刘千户的儿子出痘死了；尤侍郎荐他去陆总兵处帮忙，陆总兵打了败仗，被押解来京问罪，因此人们传说：马德称所到之处必有灾殃，给他取名为"钝秀才"，凡是遇着他的，做买卖的折本，寻人的不遇，告官的理输，讨债的必定厮打、厮骂，因此，人们和他狭路相遇，一个个口吐涎沫，叫声"吉利"便走，弄得马德称穷困落魄，靠卖字为生。

这时邻人黄胜已死，六瑛探知马秀才在外如此苦楚，心中难过，派老家人将银百两去接未婚夫。马德称一则感念其情，一则愧无一成，乃婉谢六瑛，期以读书有成才回家完婚。光阴易过，已是 32 岁。这年王振势败，新皇帝访知马万群冤屈，复其原官，追加三级，抄没田产发还，准许马德称恢复秀才资格。从此"钝秀才"一洗晦气，连考连中，殿试二甲，选为庶吉士，方与六瑛完婚。正是："十年落魄少知音，一日风云得称心。"

后人用"屋漏更遭连夜雨，船迟又遇打头风"比喻"祸不单行"。

店里有人好吃饭，朝里无人莫做官

过去，交通不发达，没有火车、汽车，人们上城进京有钱人坐车、骑马，而无钱的人只能步行。尤其是出远门，更是备尝艰辛。尽管出门时备足了衣衫，带够了盘费，但路上不知遇到什么情况，一旦遇到天灾人祸，盘费丢失，连吃饭住宿的钱都没有了。在这种情况下，如果店里有自己的乡亲友人，没钱也能吃上饭，住上宿，不至于挨饿。所以就有了"店里有人好吃饭"之说。

明代官员画像，多伦多皇家安大略博物馆藏

古代做官，七品以上都由朝廷任命。同样道理，想做官的人，如果朝廷里有自己的亲朋好友，能够说上话、帮上忙，做官就不那么难了，故也有"朝里有人好做官"之说。

既然如此，怎么又说"朝里无人莫做官"呢？据清代王有光先生的解释，在皇帝昏庸、奸臣当权的时候，如明嘉靖年间严嵩管事，天启时魏忠贤横行，可谓朝中无人。这个时候不要去做官，因为这时你做官，要做个好官清官权奸定不容你，打击陷害是轻，重则丢掉性命。你若做个昏官贪官，就会与权奸同流合污，变成小人，毁了自己一身清白。这句谚语是告诫人们在"朝里无人"的时候不要做官。

七十三，八十四，阎王不请自己去

老人们常忌讳七十三、八十四这两个岁数，因为民间有"七十三、八十四，阎王不请自己去"的说法。旧时迷信的人认为七十三岁、八十四岁是老人难过的"坎儿"。

其实，把七十三、八十四两个年龄定为难以跨过的"坎"是没有道理的，七十三、八十四只不过是我国历史上两个"圣人"归天的虚龄罢了。一个是春秋时期的孔子，一个是战国时期的孟子。孔子活到七十三岁，孟子活到八十四岁。"孔孟"都是"圣人"，所以，他们归天的年龄也就成了不吉之年了。

这句俗语有另一说法："七十三、八十四"是被用来形容说话"东一句，西一句，唠唠叨叨，没完没了"用的。如《水浒全传》第二十一回里："那婆子坐在横头桌子边，口里七十三八十四只顾嘈。"《三言二拍·醒世恒言》第十三卷："却有一个三都提事使臣，姓冉名贵……只管南天北地，七十三、八十四说开了去"。《醒世姻缘传》第四十八回："打得那素姐口里七十三、八十四大般不骂。"这种说法已少有人知。

七十不留宿，八十不留饭，九十不留坐

"七十不留宿，八十不留饭，九十不留坐"是民间普遍流行的一种俗信。许多地区的人们认为，老人到了七十岁以后，如果到了亲戚或朋友家，主家不应该强留其住宿；到了八十岁以后，便不要再强留其吃饭；到了九十岁以后，如果老人自己想走，便不要再留他多坐。如果违背这种俗信，人们认为可能会给老人家和自己家里带来不吉和灾难。

民间对待外出老人"七十不留宿，八十不留饭，九十不留坐"的信条，是说年龄越大发生不测的可能性越大。民间所说违背这一信条带来不吉和灾难，主要是指万一老人发生不测，会给接待老人的亲友家带来许多意外的麻烦。

第二章　节庆俗语，欢聚时刻谈资多

中华民族文化体现在方方面面，内容林林总总，在五千多年的文化传承中，形成了许多喜庆礼俗，以节日婚庆、生辰寿诞之礼最为人们所关注，这其中也诞生出很多关于喜庆的民谚俗语。

节日是人们为了适应生产生活需要而创造的民俗文化。每逢重要节日，家人团聚，欢聚一堂。关于节日的民谚俗语很多，比如"年初一，不吃稀""二月二，龙抬头"等，这些都是我们耳熟能详的；还有吉祥话"三星高照""五福临门"等，为节日增添了喜庆气氛。

婚姻文化包括男女双方选择配偶到嫁娶成婚等一系列过程中所采取的方式方法，其中包括了很多制度、地方习俗、伦理准则及审美取向。古代婚姻重礼轻爱，有关的俗语也很多，比如"房上没安插花兽，别想攀那高门楼"就是告诉人们，穷人就应该找穷人，别想高攀。关于婚礼也有很多俗语，比如"花烛之夜""一个女婿半个儿"等，这些俗语使得我们知道事情的由来，更增长了不少见识。

华夏民族是一个礼仪文化极其发达的民族，拥有从出生礼、成年礼、婚礼、成长礼到葬礼的完整的生命礼仪体系。生辰寿诞习俗贯穿人的整个生命过程。它从一个新生命的诞生开始，至生命的逝去而结束。先从出生来说，为什么孩子出生百日称为"百岁"？何为"弄璋之喜"？何为"弄瓦之喜"？过寿为何"做九不做十"？民间为何忌讳"七十三、八十四"？等等。

以上这几类民谚俗语不仅告诉了我们喜庆的方式，更为我们解开了很多喜庆的来由，多了解喜庆俗语，可以为自己的礼仪礼节增加一道光环。

送穷

"送穷"是个节日，一般正月初五为"送穷"节，其意就是祭送穷鬼（穷神）。穷鬼，又称"穷子"。传说穷鬼是颛顼之子，他身材羸弱矮小，性喜穿破衣烂衫，喝稀饭，即使将新衣服给他，他也扯破或用火烧出洞以后才穿，因此宫中号为"穷子"。宋代以后，送穷风俗依然流行。

甘肃天水旧俗，破五送穷，早上将垃圾装在竹编簸箕里，弯腰端着，为了防止被风吹掉，由房内倒退着走到大门口。如果出大门之前有东西从簸箕里掉出来，就要回到原处，装好了，重新退向大门。到大门后，转过身，一口气跑到倒垃圾的地方，连同簸箕一并扔掉。

晋北地区，民间习惯用彩色纸剪成人的图像，小孩子拿到街头，互相交换。把自己的纸人送给别人，称为"送走穷媳妇"；把别人的纸人换回来，称为"得到有福人"。

趣味链接：

破　五

农历正月初五，俗称"破五"。传说，大年三十，人们请神时，把脏神给忘了，她气不过，便找弥勒佛闹事。弥勒佛满脸堆笑，就是不搭腔。这脏神气得捶胸顿足，七窍生烟。眼看事情要闹大了，弥勒佛才开口说："这样吧！今天是初五，让人们再为你放几个炮，包一次饺子，破费一次吧！"——这就是关于"破五"的传说。

正月初五和过小年一样重要，因为春节期间有封刀、封剪、不做家务活的习俗，所以说，过了初五以后要送"穷神"。"破五"还叫"泼污节"，人们可以在这天倒垃圾。从每间房屋里把垃圾扫出门外。腊月三十到正月初五以前，一般是不允许搞卫生的，也扫扫地，但只能在屋里扫，垃圾只能先放在屋里的拐角处。特别是大年初一，那是一扫帚也不能动的，说是动了就将好运气弄掉了。到"破五"这一天，要彻底地搞一次大扫除。可以将灶灰及清扫房屋的垃圾送出门外，再放炮驱邪，寓意是在新的一年里送出穷困，迎来富裕和幸福。清末民初，天津诗人冯文洵在《丙寅天津竹枝词》中写道："新正妇女忌偏多，生米连朝不下锅，杯碗捧持须谨慎，小心'破五'未曾过。"

按照旧俗，春节期间大小店铺从大年初一起就关张了，而到了正月初五这天，家家又都重新开张了。商家爱选在这一天开业，南方不少地儿则在正月初五祭财神。在上海，旧俗中正月初四子夜，就备好祭牲、糕果、香烛等物，还得鸣锣击鼓焚香礼拜，虔诚、恭敬地敬财神。

洞 房

结婚仪式完成后，就是洞房花烛夜了。人们通常把结婚的新房称为"洞房"，这是何故呢？传说，秦始皇统一六国后，建造了一座规模宏大的阿房宫，挑选天下美女陪伴他。美女中，有一位出身官宦之家、长得十分俊俏又聪明勇敢的姑娘，因她排行第三，人称三姑娘。这位三姑娘，因不甘心过被奴役蹂躏的黑暗生活，逃出宫外，直奔华山。

当时，秦始皇下令焚烧诸子百家的书籍，残害读书人。有一位叫沈博的读书人也逃命来到了华山。

三姑娘、沈博生活在深山老林中，受尽苦难。一天，他俩在密林深处相遇，各自倾吐了自己的不幸遭遇，产生了爱情，结为患难夫妻。在一块大青石底下，他们发现了一个仅能容纳两个人的小洞，就把这个洞作为他们的住房了。他们生活在这个洞里，虽然十分困苦，但他们都感到非常甜蜜。不久，三姑娘生了个儿子，取名沈香。这位不畏强暴争取自由的三姑娘，就是神话中的三圣母。

后来，人们出于对他们的崇敬和怀念，便把结婚新房称作洞房。

趣味链接：

闹洞房

闹洞房可说是婚礼当天最具特色的活动，我国各民族婚礼都有此活动，早在先秦时代人们就有了闹洞房的习俗。

相传，一日紫微星下凡游玩，遇见一个披麻戴孝的女子尾随在一伙迎亲队伍之后，他看出这是魔鬼在伺机作恶，于是就跟踪到新郎家，只见那女人已先到了，并躲进了洞房。当新郎、新娘拜完天地要进入洞房时，紫微星守着门不让进，说里面藏着魔鬼。众人请他指点除魔办法，他建议道："魔鬼最怕人多，人多势众，魔鬼就不敢行凶作恶了。"于是，新郎请客人们在洞房里嬉戏说笑，用笑声驱走邪鬼，果然，到了五更时分，魔鬼终于逃走了。

由此可见，闹洞房最开始是为了驱邪避灾，后来世人为了保证新婚夫妇幸福长久，就有了闹洞房的习俗。

新 郎

新郎、新娘现在被我们用来称呼新婚夫妻们。但"新郎"一词最早并非此意，而是指代新科进士。

首先，"郎"在唐代是官阶的一个泛称，六品以下被称为"某某郎"；而由于进士科中试的人就具备了做官资格，按官阶来说，都属于"郎"的范围，所以人们把新科进士称作"新郎官"。

而婚嫁在古代也是人生大事，男子娶妻非常荣耀，可比中进士，还有美称"小登科"，因此对新婚男子也就袭用了"新郎官"的称呼，简称为"新郎"并沿用至今。

喜 郎

过去办喜事的人家，常有唱喜歌的"喜郎"前来贺喜。这些喜郎的真实身份多是乞丐，他们听说谁家有喜事就赶来凑热闹，竹板一打，就唱了起来。喜歌多是铺排婚礼、赞美祝颂之词，如一首喜歌这样唱道：

"月儿弯弯照九州，里挂红灯外挂绸，今日黄道吉星照，花轿抬到大门口。大门口，铺红毡，又吹喇叭又放鞭，旗锣伞扇两边站，新娘下轿贵人搀。

顶包袱，穿红衫，柽子酒壶拿两边，贵人搀着新娘走，迈过石头迈马鞍。进大门，喜气添，进二门，保平安，一走走到当院里，八仙桌上摆得全：一斗粮，一杆秤，三支箭，一张弓，又烧高香又摆供，敬着天地老祖宗。新娘来到当院里，叫来新郎拜天地。一拜喜天，二拜喜地，三拜公婆都满意，四拜四季发大财，五拜五福临门第，六拜六六大顺利，七拜七星大紫气，八拜八仙来贺喜，九拜九锡大加官，十拜事事都如意。"

过去的娶亲年画

喜郎唱罢喜歌，进门高喊："给大爷道喜了！"便跪倒磕头，随手将用红线穿制钱编成的钱串子扔在院内，撒得到处都是。管事的要赶紧将钱串子拾起来，开给赏钱，并管一顿好饭。现在这种喜郎已经不多见了。

丈　人

魏晋以前，妻子的父亲称为舅或妇翁。而丈人，则是对上了岁数男子的尊称。陈寿《三国志·蜀志·先主传》里提到："献帝舅车骑将军董承。"董承是献帝刘协的表叔，女儿给刘协做了"贵人"。南朝刘宋时的史学家裴松之，注释上边这句话时写道："（董承）于献帝为丈人，盖古无丈人之名，故谓之舅也。"

唐朝文学家柳宗元在《祭杨凭詹事文》中写道："年月，子婿谨以清酌庶羞之奠，昭祭于丈人之灵。"宋朝人《猗觉寮杂记》和《鸡肋编》都据以为证，认为将妻子的父亲称为丈人，是从此时开始的。

看来，将妻子的父亲称为丈人，至迟是从南北朝时开始的。

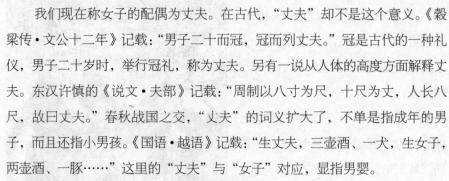

丈 夫

我们现在称女子的配偶为丈夫。在古代，"丈夫"却不是这个意义。《穀梁传·文公十二年》记载："男子二十而冠，冠而列丈夫。"冠是古代的一种礼仪，男子二十岁时，举行冠礼，称为丈夫。另有一说从人体的高度方面解释丈夫。东汉许慎的《说文·夫部》记载："周制以八寸为尺，十尺为丈，人长八尺，故曰丈夫。"春秋战国之交，"丈夫"的词义扩大了，不单是指成年的男子，而且还指小男孩。《国语·越语》记载："生丈夫，三壶酒、一犬，生女子，两壶酒、一豚……"这里的"丈夫"与"女子"对应，显指男婴。

后来"丈夫"被用来指代女子的配偶是源自一个传说。相传，我国某些部落，有抢婚的习俗。女子选择夫君，主要看这个男子是否够高，一般以身高一丈为标准（当时的一丈约等于现代的七尺）。有了这个身高一丈的夫婿，才可以抵御强人的抢婚。根据这种情况，女子都称她所嫁的男人为丈夫。

趣味链接：

古代对妻子的称谓

古代人对妻子的称谓有很多，主要有：

小君、细君。最早是称诸侯的妻子，后来作为妻子的通称。

梓童。皇帝对皇后的称呼。

夫人。古代诸侯的妻子称夫人，明清时一二品官的妻子封夫人，近代用来尊称一般人的妻子，现在多用于外交场合。

荆妻。旧时对人谦称自己的妻子，又谦称荆人、荆室、荆妇、拙荆、山荆、贱荆，有表示贫寒之意。

娘子。丈夫对妻子的一种爱称。宋代之前，"娘子"专指未婚的少女，意同今天的姑娘。

糟糠。形容贫穷时共患难的妻子。

内人。过去对他人称自己的妻子。书面语也称内人、内助。尊称别人妻称贤内助。

内掌柜的。旧时称生意人的妻子为"内掌柜",也有称"内当家"的。

太太。旧社会一般称官吏的妻子,或有权有势的富人对人称自己的妻子为"太太",今有尊敬的意思,如"你太太来了"。

妻子。在古代是个双音词,指妻子和儿女。

老婆。俗称,多用于口头语言。

继室。续弦妻死后又娶的妻子。

亲 家

称呼姻亲为"亲家"始见于《后汉书·礼仪志》:"西都旧有上陵。东都之仪,百官、四姓亲家妇女、公主、诸王大夫、外国朝者侍子、郡国计吏会陵。"又《后汉书·皇后纪第十》:光武帝郭皇后名圣通,其兄名况。建武二十年(公元 44 年),郭况升任大鸿胪。"帝数幸其第,会公卿诸侯亲家饮燕,赏赐金钱缣帛,丰盛莫比,京师号码家为'金穴'。"这一称呼只用于皇亲国戚的联姻,是至尊者对其姻亲的称呼。

隋唐时期,逐渐出现了"亲家公""亲家翁""亲家母"等敬称。大概到唐代时,这一称呼仍主要用于皇亲国戚的联姻。如《新唐书·萧嵩传》载:"子衡,尚新昌公主,嵩妻入谒,帝(玄宗)呼为亲家。"但此时"亲家"已经是男女两家父母之间的互称了。有诗为证:唐代诗人卢纶的《王驸马花烛诗》云:"人主人臣是亲家。"

五代时,这一称呼逐渐民间化。《五代史·刘昫传》记载,刘昫与冯道是姻家,二人并任宰职。后来冯道被罢官,李愚代替了他。李愚嫌恶冯道的为人,每当稽查出冯道的过错,便在刘昫面前讥笑冯道说:"这是您亲家翁干的好事。"

后来,"亲家"这一称呼传到了民间,一般老百姓也开始使用这一称呼,一直沿用到今天。

连 襟

在我国，大多数人称姐妹们的丈夫为连襟，也有的地区称之为"连桥""挑担""一担挑"。据说，"连襟"一词最早出现于杜甫笔下。

把"连襟"一词用作姐妹的丈夫间的称谓的人，是北宋末年的著名诗人洪迈。洪迈有个堂兄在泉州做幕宾，不是很得意。洪迈妻子的姐夫在江淮一带做节度使，写一书推荐这位堂兄去京城供职。洪迈的堂兄很感激，托洪迈代写了一份谢启，其中有几句是："襟袂相连，夙愧末亲之孤陋；云泥悬望，分无通贵之哀怜。"这里的"襟袂相连"，就是用来形容姐妹的丈夫之间的密切关系。后来，人们又将"襟袂相连"简化为"连襟"，成为姐妹的丈夫间的专用称谓了。

趣味链接：

大乔、小乔和"连桥"

"连桥"这个称呼出自三国时期。东汉末年，孙吴政权拥有江东六郡。小霸王孙策武艺超群，在周瑜的帮助下，带领部下平定江东，号称"吴侯"。

周瑜是孙策的同窗好友，此人与孙策同龄，只是生辰比孙略早几个月，

彼此一向以兄弟相称。两人精通文韬武略，被誉为"东吴儒将"。太尉乔公（乔玄）非常喜爱这两个才华出众的年轻人，先后将两个女儿大乔和小乔许给了孙策和周瑜二人为妻。

清康熙时期五彩盘上的图案：大乔和小乔姐妹

一天，文武群臣在一起聚会畅饮，席间孙策举杯到周瑜桌前敬酒。由于二人交情颇深，一直在称呼上难以改口，孙策仍按往常的习惯，道了一声："周兄，请！"话音刚落，谋士张昭趁机调

侃说："老皇历用不上喽，如今二位已经结成了姻亲，看来公瑾（周瑜的别号）兄你这个大哥以后只能屈尊做妹丈了……"一句话逗得众人哄堂大笑，孙策倒没感到怎样，可是周瑜这个人非常好面子，表情颇为尴尬。周瑜年少气盛，又有点大男子主义，不甘心屈居姻亲地位而改口叫孙策为"姐丈"。

这时场面有些尴尬，最后还是以老好人著称的参军校尉大夫鲁肃出面解围，顺口而出打油诗一首道："妹丈哥哥辈分同，弟弟姐夫何须争。阁老青睐聘二女，连（联）桥（乔）立业保江东。"这样一打圆场谁都不丢面予，众文武齐声叫好，宴会乃尽欢而散。从这以后，"连桥"（连乔）这个称呼就流传下来，直至今日。

续 弦

"续弦"是男子再娶、续婚的意思，当然多指前妻亡故之后的续娶。要理解这个词语，须先从古时结婚的形容词语说起。古代男女婚配，常比喻为"琴瑟之好"（琴和瑟都是古代的弹拨乐器，琴应是今日的琵琶、月琴之类乐器，瑟是古代为五十根弦，后来为二十五根弦的类似古筝的乐器）。

东汉时期石雕抚瑟俑，四川博物院馆藏

此说来自《诗经》中"琴瑟友之"的说法，以弹琴演奏互友互爱比喻结婚。所以妻子死亡就说成"断弦"（琴弦断了），再娶即成"续弦"了。

百 岁

婴儿降生一百天为"百日"，古称"百晬"，又称"百岁""百禄"。旧时婴儿出生一百天内死亡率很高，如能平安度过百日，便有了长大成人的希望；同时，在我国文化观念中，"百"含有圆满的象征意义，所以民间在这一天往

往进行庆贺，叫"过百岁""做百日"等。过百岁的习俗至少在宋代已经流行，如《东京梦华录》记载："生子百日置会，谓之百晬。"《梦粱录》也说："生子百时，即一百日，亦开筵作庆。"此后兴盛不衰。胡朴安《中华全国风俗志·京兆》说："一百日后，名曰百禄，请客与满月时同。"

过百岁是婴儿成长过程中又一重要礼仪，在这一礼仪中，同样凝聚着亲友的祝福和呵护。这些祝福和呵护寄寓在他们的话语里，也寄寓在各式各样的富有象征意义的食品、衣物、饰品中。幼小的孩子就在亲友的祝福和呵护中渐渐地长大。

趣味链接：

做百日

婴儿出生第一百天时举行百日礼，俗称"做百日"。百日礼的名称就寓意着祝福新生儿长命百岁，民俗观念中认为百日是个大关，过了百日婴儿就可望平安成长了。有的地区将"百日"与"百岁""百禄""百晬"等吉语联系起来庆贺。在民间，百日礼这天由亲友携礼祝贺，礼物一般为白糖、红糖、鸡蛋、糯米粑粑之类，同时要赠以小儿衣物。不论南北，古代婴儿在百日的时候都会收到许多礼物，如衣服、鞋袜、绣花织品、银镯、面粉蒸制的寿桃、一百个鸡蛋、一百个烧饼不等。在北方流行送一百枚面蒸的小寿桃用棉线串成一项圈式，由外祖母或舅母为小孩挂在颈项，然后套过全身，由足部褪下，表示被锁住了，小孩一定健康长寿。现在有些地方还流行在婴孩百日时照百日照、亲友们一起喝百日酒等习俗。

试 儿

千百年来，我国广泛流行一种"抓周"的习俗，就是在孩子周岁这天，在他（她）面前摆上各种玩具和生活用品，任其随意抓取，以此来占卜、预测孩子将来的志趣、性情和前途。其实抓周只是一个讨彩的游戏，不必太认真。

由于抓周是以让小孩以抓物的方式来测小孩子的未来，所以在古代又叫"试儿"。试儿的风俗十分古老，据史料记载，可上溯到一千五百年前的南北朝时期。

到了唐宋时代，抓周的习俗则更为流行。当时，富贵人家将抓周搞得十分隆重，不仅要铺锦席于中堂，还要烧香秉烛，

明代苏州画家袁源《抓周图》

席上放各种物件，将小儿放在这些东西中间坐着，然后看他先取什么。这天还要设宴款待亲朋，同时接受亲朋的礼物，有的还要演戏助兴。

清代，皇宫中也举行抓周礼仪。现在北京故宫博物院就珍藏着一件当年供皇子抓周用的晬盘。这个晬盘是雕漆器，长方形，盘口外撇，制作极为考究。皇子、皇孙、公主抓周，用具虽然极其讲究，但其旨趣却与民间抓周没什么两样。

讨口彩

"讨口彩"不是指要饭，而是指人们特别讲究在一些特定场合、仪式上说吉利话，如给物、事取一个特定的吉利名字，其功利性特征非常明显。

在时令节日上，将给孩子的贺岁钱说成"压岁"，以象征"压祟"辟邪；将糯米团称为"双喜团儿"；将年夜饭称为"团圆饭"；将面条称为"钱串"；将撒的草木灰圈叫"钱龙"。元宵节外出郊游叫"走百病""百病消"；二月二油炸饼叫"熏虫儿"；端午用丝线系于小儿臂叫"长命缕""百岁索""长命线"，希望通过这些辟邪去灾，团团圆圆，福寿财全。

在商业行为中，店名、商品名取吉利语，叫顺风、好运来、红运、大发、东来顺、金利来、大鸡、双喜。开张日期说成"金日"，将鲤鱼叫作"财神

木板年画《年年有鱼》

爷"，把萝卜叫作"彩头"，将红包叫作"利是"，将炒蛤和水饺叫作"元宝"。

除了吉利命名以讨口彩外，民间常见的吉利话是唱吉利歌和祝词。如在祝寿、贺岁、贺开张时则多说颂语，如"寿比南山""福如东海""多福多寿""新年发财""心想事成""日进斗金""财源茂盛""生意兴隆"等。

吉利语与禁忌语、委婉语一样，都是语言崇拜在人际交往中的表现，它代表了民间求吉求利的心理，体现了民族文明向上的精神风范，表达了人与人之间融洽、和美的气氛。

全福人

所谓"全福人"一般指自己的父母健在、丈夫及丈夫的父母也健在、自己也有儿女的妇女。按民间习俗，在婚礼前后都须有全福人来照料诸多事项，以求新婚夫妇未来吉祥如意。

按老规矩，婚礼前，主家要请"全福人"来缝被子，据说是很吉利的，就是希望经她的手能带来和和美美的好福气。缝被子的被面多用龙凤面，象征大富大贵，以大红色和黄色为宜。一般在被子的四个角里放上红枣、桂圆、花生和莲子，寓意"早生贵子"。被子缝好后，主家一般会给"全福人"一个红包，通常要给个吉利的数字，带"6"或者"8"的为好。有些地方在结婚前一天，男方要给女方家抬去食盒，内装米、面、肉、点心等；而娘家要请"全福人"用送来的东西做饺子和长寿面，所谓"子孙饺子长寿面"，并把包好的饺子再带回家。结婚这天，"全福人"把新娘接来，新娘下轿，先吃长寿面，拜天地入洞房后，新郎新娘同坐，并由"全福人"喂没煮熟的饺子吃，边喂边问："生不生？"新娘定要回答："生（寓意生孩子）！"此外，新人睡觉前要由"全福人"铺被褥，同时要在床上放栗子、花生、枣，意为"早立子，早生"。

两口子

把夫妻称作"两口子"，据说是从清朝乾隆年间开始的。相传，乾隆年间，山东有一位才子，叫张继贤，与本地恶少石万仓的妻子曾素箴关系暧昧，时常往来。

清初穿着喜庆的女子画像

石万仓酗酒成性，有一次，因饮酒过度，死了。石家人怀疑石万仓是被其妻曾素箴害死的，于是告到县衙门，诬陷曾素箴因通奸杀夫。县官接状后，不经细查，就将张继贤和曾素箴判为死罪，从县府押到京城。一次，乾隆皇帝阅案，看到了张继贤的供状，见其文笔不凡，就亲自到牢中去探望。交谈中，乾隆皇帝确信张继贤是位才子，便有心救他。

不久，乾隆皇帝下江南私访，途经微山湖时，熟悉了这里的山山水水后，便御批：张继贤发配卧虎口，曾素箴发配黑风口。张继贤、曾素箴二人获赦后，时常来往于卧虎口与黑风口，甚是自由。于是，人们将他俩称为"两口子"。

从此"两口子"的称呼流传开来，逐渐演变成了夫妻俩的代称。

清代郎世宁绘乾隆皇帝像

民国时期的婚礼场面

花烛之夜

在古代，婚礼中使用的蜡烛上多半绘有龙凤彩饰，新婚之夜，新郎、新娘通宵不睡，谓之"守花烛"，不守花烛者，新人睡后，挽扶、伴娘须时时进房察看花烛有无损漏，这是因为迷信者有"左烛尽新郎先亡，右烛尽新娘先亡"之说，故如一烛灭时，即将另一烛熄灭。

趣味链接：

交杯酒

我国民间的婚礼宴席上，有新郎、新娘互饮交杯酒的习俗。"交杯"是由"合卺"演变而来的。"合卺"始兴于周代。"卺"是匏瓜，民间俗称"苦葫芦"，味苦不可食。据《礼记·昏义》记载：新婚夫妇婚礼之时，将一只卺剖成两半，新郎、新娘各执一半，其中盛装苦酒，各自对饮完毕，取意是喝了这些苦酒，夫妇婚后患难与共，同甘共苦，同时示意妻子、丈夫二人"合二为一"。其次，"卺"又是古代八音乐器中的一种，人们赋予"卺"以音韵调和之意，所以，婚礼上"合卺"无疑意味着新婚夫妇今后协调和睦，互敬互爱，永结同心。

宋代以后，合卺之礼演变为新婚夫妻共饮交杯酒。《东京梦华录·娶妇》记载：新人"用两盏以彩结连之，互饮一盏，谓之交杯。饮讫，掷盏并花冠子于床下，盏一仰一合，谷云大吉，则众喜贺，然后掩帐讫"。这个仪式的象征意义是意味深长的。用彩绸或彩纸把两个酒杯连接起来，男女相互换名，各饮一杯，象征此后夫妻便连成一体，合而为一。

老公、老婆

"老公""老婆"的称呼相传最早出现于唐代，至今已有一千多年了。

唐朝时，有一位名叫麦爱新的读书人，他考中功名后，觉得自己的妻子年老色衰，便产生了嫌弃老妻、再纳新欢的想法。于是，写了一幅上联放在案头："荷败莲残，落叶归根成老藕。"恰巧，对联被他的妻子看到了。妻子从联意中觉察到丈夫有了弃老纳新的念头，便提笔续写了下联："禾黄稻熟，吹糠见米现新粮。"以"禾

末代皇帝溥仪和婉容的合影

稻"对"荷莲"，以"新粮"对"老藕"，不仅对得十分工整贴切，新颖通俗，而且，"新粮"与"新娘"谐音，饶有风趣。麦爱新读了妻子的下联，被妻子的才思敏捷和拳拳爱心所打动，便放弃了弃旧纳新的念头。妻子见丈夫回心转意，不忘旧情，乃挥笔写道："老公十分公道。"麦爱新也挥笔续写了下联："老婆一片婆心。"

这个带有教育意义的故事很快流传开来，世代传为佳话，从此，汉语中就有了"老公"和"老婆"这两个词，民间夫妻间也开始互称"老公"和"老婆"。

结发夫妻

文艺作品与民间俗语中，常有"结发夫妻"之说，一般认为它出自古代婚俗中的"结发"仪式。婚俗中"结发"仪式的具体做法各不相同，有的是将新郎左前额的头发剪下一绺，扎在新娘的头发之中；有的是将新郎和新娘的头发各剪下一绺，打成一个同心结，然后烧成灰搅在一起。

婚俗中这种结发的仪式，实际上是中国古代的一种爱情巫术。我们知道，

古人相信人的头发、指甲、牙齿等物，在离开了身体后，还与人体保持着某种联系。头发是身体的一部分，里面也藏有人的灵魂，假若对头发施以法术，就会对头发的主人产生直接影响，使他（或她）按自己的意愿行事。有本古书介绍如何使妇人害相思病的秘诀，说是以相思豆五颗，妇人头发五钱，乳汁五钱，做成药丸放于神龛之下，每日服九颗药丸，共服七七四十九颗，这样该妇人就会对服药者相思不止，恩爱情深。

至于这种爱情巫术是否效验，今人当然会付之一笑。然而古代相信头发有些功效的却大有人在。既然头发有如此重要的爱情魅力，婚礼上的结发仪式当然就是件很庄严的事了。它既是一个无声的爱情契约，又是一个爱情的巫术。今天，人们常说"结发夫妻共白头"，其中虽已没有了古老的巫术成分，但它却已成为夫妻恩爱忠贞的一种象征了。

现在，结发夫妻常用来指第一任夫妻，即原配夫妻。

岳父、岳母

我们现在称呼妻子的父亲为"岳父"，妻子的母亲为"岳母"，其实在唐朝以前，按照我们祖传周礼的礼制，"妻之父为外舅，妻之母为外姑"，现在的这个称呼是因为唐朝的一个典故才开始流行起来的。

开元四年（716年）唐玄宗去泰山封禅，按照惯例封禅时要晋封公侯百官。中书令张说担任此次的"封禅使"。他在皇帝封禅那天把自己的女婿郑镒带上了。张说凭借职权使得九品小官郑镒官升至五品。后来玄宗问起郑镒的升迁事，郑镒支支吾吾，无言以对。唐玄宗身旁口舌伶俐的宫廷艺人黄幡绰替他解嘲道："此乃泰山之力也！"这话明说泰山大典使他升官，暗指郑镒的妻父帮忙。唐玄宗很不高兴，不久把郑镒降回九品。

不过"泰山"一词却沿袭下来，成了对妻子之父的称谓。又因泰山乃五岳之首，又称为"岳父""岳丈""岳翁"，同时，又把妻母称为"岳母""泰水"。

五福临门

"五福临门"中五福的具体所指是什么？

五福的说法，出于《尚书·洪范》。第一福是"长寿"，第二福是"富贵"，第三福是"康宁"，第四福是"好德"，第五福是"善终"。亦即寿、富、康宁、好德、善终。长寿是命不夭折而且福寿绵长；富贵是钱财富足而且地位尊贵；康宁是身体健康而且心灵安宁；好德是生性仁善而且宽厚宁静；善终是生命即将结束时，没有遭到横祸，身体没有病痛，心里没有挂碍和烦恼，安详而自在地离开人间。

按照一般理解，只有五福全部合起来才能称得上幸福美满，缺少其中任何一项就可能出大问题。在传统文化里，最重要的是第四福——好德。有着生性仁善、宽厚宁静的德，这是最好的福相。古代中国人认为德是福的原因和根本，福是德的结果和表现，随时布施行善，广积阴德，才可以培植其他四福使之不断增长。

门当户对

我们常用"门当户对"来表示男婚女嫁条件相当。但您知道吗？这个词理解起来，并不是我们想当然的"门户"条件"相当"或"对等"的意思。"门当""户对"原来是两个词，而且都是古代大门建筑中的两个重要组成部分。

"门当"原本是指在大门前左右两侧放置的扁形的雕有花纹图案的石鼓；而"户对"则是指位于门楣上方或门楣两侧的圆柱形木雕或雕砖——由于它总是位于门户之上，而且总是双数而得名。

一般而言，在中国的建筑学原理中，有门当的宅院必有户对，所以常被合起来并称大门外的门饰。在古代，门当、户对的大小、数量和所雕图案，都与主人的家境、财势直接相关，是身份和地位的象征。

所以，慢慢地，这个成语就作为家庭条件的代称，用在男女婚嫁方面了。

落草、临盆

生孩子为什么又叫"落草"或"临盆"？

在旧社会，民间认为产妇不洁，会玷污丈夫或给家庭带来晦气，引来祸患，因而在设置产床时一般不允许用炕席等日常被褥，产妇生产时必须另铺以干草。生育时，让孕妇坐在上面分娩，故古时妇女生产有坐草、就草、在草、落草等多种叫法。在中原地区，是放一个小凳子，让孕妇坐上，下边放一个瓦盆，也有的用木盆，以用来接小孩的衣胞。所以，人们也将生孩子称为"临盆"。婴儿产下后，接生婆常常要"检生"，她手举新生儿，把其两腿张开，让产房里众人看清新生儿的性别。若是男孩，就大声报喜："恭喜贺喜，添了一个官人"；若生的为女婴，声调便稍微降低："恭喜贺喜，添了个小姐。"事后，产家应赶快递上红包给接生婆，以表感谢。

奉觞、称觞

祝寿时最常饮用的饮品是酒。民间以酒祝寿，象征吉祥。因为"酒"与"久"谐音，"祝酒"也就是"祝久"，有长寿之意。"觞"是古代的一种盛酒器具，"称觞""奉觞"也就是祝酒。所以在后来的礼俗中，干脆用"奉觞""称觞"来作为祝寿的代称。寿宴上所饮的酒都叫作"寿酒"，并无品种的讲究，只是在许多的祝寿用语中，常见有"桂花酒""千年酒""花甲酒""古稀酒""百年酒"，等等。寿宴中，举杯祝酒时一般都是先敬寿星，然后宾客同饮。

趣味链接：

关于寿龄的雅称

中国人对老人寿龄有许多雅称，各有不同的含义。六十岁称为"花甲"，此语与古人用天干地支计时的方法有关；六十岁也称"耳顺之年"，它出自孔子《论语》中"六十而耳顺"。七十岁被称为"古稀之年"，也称"杖国"。

八九十岁称为"耄耋之年"。九十岁又称为"九龄""眉寿"等。因为人老眉长，眉长则寿长。一百岁称为"期颐之年"，古人认为百岁为人生之极，故曰期；此时老人的生活需要人照顾，故曰颐。

广东东莞画家李凤廷（1884—1967 年）所画寿星图

除夕不空锅

"除夕不空锅"说的是除夕夜里（也有说从除夕夜起连续三天），人们要在饭锅里放上些干粮或其他食品（一般放在箅子上面），称为"压锅"，表示去年的余粮能够存放到今年，意为年年有余，以此来祈盼来年生活富裕安康、温饱无虞。

有一个很有趣的民间故事，道出了"除夕不空锅"习俗的来历。

传说明太祖朱元璋幼年丧父，和母亲相依为命，家里生活非常贫困。年幼的朱元璋除了靠给大户人家放牛糊口之外，有时不得不靠乞讨为生。

有一次，新春佳节即将来临，朱元璋家却没有任何可以填饱肚子的东西。为了填饱肚子，他想去偷东西吃。除夕夜，朱元璋好不容易摸到人家厨房里，却很失望地发现厨房里除了柴火灶台和一口空空如也的饭锅外，没有任何食物，朱元璋一气之下把那口空锅揭下来扛走了。回头一想，这样做很不合适，就想抄原路给人家送回去。这时发现东方发白，天就要亮了，如果被人发现了岂不是糟糕？想到这

清代所绘朱元璋画像

里，朱元璋默祷：老天爷，让天再黑一会儿吧！再黑一会儿吧！结果，天果然又黑了一阵。这样，锅就完璧归赵了。

朱元璋做皇帝之后，回忆起自己除夕之夜偷锅送还的经历，联想起现在还有不少人像曾经的他一样贫穷，于是下令全国上下在除夕之夜不准空锅，饭锅里要放上两个馍，后来就成了一个风俗。

趣味链接：

"年"的别称

• 载：唐虞开始称年为"载"。陆游的《书愤》就有"出师一表真名世，千载谁堪伯仲间"之句；现在也还常说"一年半载""千载难逢"等。

• 岁：明徐光启所著《甘薯疏序》："岁戊申，江以南大水。"至今还有"辞旧岁，迎新年"之句。

• 祀：商代称年为"祀"。《书·洪范》中曰："惟十有三祀。"

• 春：高适《人日寄杜二拾遗》诗："一卧东山三十春。"

• 秋：李白《金陵歌送别范宣》："四十余帝三百秋。"俗语："一日不见，如隔三秋。"其中的"秋"即年的意思。

• 霜：贾岛《渡桑干》："客舍并州已十霜，归心日夜忆咸阳。""霜"即年。

• 稔：谷一熟为稔，故亦谓年为"稔"。《国语·郑语》曰："九周存亡，不三稔矣。"

做九不做十

在我国，有的地方在过整寿时有"庆九不庆十""做九不做十"之说，做整寿时往往提前一年，如庆祝八十岁寿辰多在周岁七十九岁时举行，这是忌讳"十全为满，满则招损"的说法，也有的是因为当地"十"的读音与"死"相近，成为忌讳，也有的是认为"十"为满贯，意为终结，而"九"意为天长地久，希望老人越活越长久。有的地方，把五十九、六十九、七十九等带九的岁数称为"明九"，把五十四、六十三、七十二、八十一等九的倍数称为"暗九"。除了做"明九"之外，也对"暗九"十分注重。"暗九"是人生年轮"九"的倍数，逢暗九生日，亲朋和子孙前来祝寿贺喜，希望以此化解不祥之运。

民间认为："十"意味着"满"，"满"则"溢"，"满"又意味着完结，所以许多地方不在整十周岁时做寿，而是提前到头一年，即虚岁满六十岁时做寿。但是，我国许多地方又流行所谓逢九之年是厄年的说法，所以不少地方在老人生日逢九之年，一般都提前做寿，并做大庆，叫作"过九"。届时在正堂挂寿幛，点寿烛，设置拜垫，寿翁接受小辈叩拜祝福。中午吃寿面，晚上亲友聚宴。宴席散后，主人向亲友赠桃，同时加赠饭碗一对，俗称"寿碗"，民间以为受赠者可以沾老寿星的光，有延年益寿之福。

不但五十九岁、六十九岁、七十九岁等所谓"明九"之年需要忌，有的地方还要忌所谓"暗九"，在"明九"和"暗九"之年做寿时，不但需要提前一点做寿，而且还需要其他的化解办法。民间常用的方法是穿红衣服，小孩可穿在外面，大人则穿在里面，还要系上红腰带。

趣味链接：
长寿的图案为何有鹤、龟、松？

鹤被视为羽族之长，民间称之为"一品鸟"，仅在凤凰之下。传说鹤寿量无限，被视为长寿之王。龟因其长寿也被人们视为长寿象征。松树终年长青，是斗严寒抗风霜，生命力极强的植物，其树龄很长，可达数千年，民间也常用松树代表长寿。

这一类常见吉祥物常搭配在一起表示长寿。松鹤在一起叫"松鹤长寿""鹤寿松龄""松鹤延年""松鹤遐龄"。鹤与龟画在

清代李山绘松鹤图

一起，叫"龟龄鹤寿""龟鹤齐龄""龟鹤延年"。如果画众仙仰望寿星跨鹤，叫"群仙献寿"，画鹤、鹿、梧桐叫"六合同春"，而鹤立岩石边叫"一品当朝"。

我们常在寿星图或有关长寿的图案中见到上述三种动、植物。只要有它们，就代表长寿。

明宣宗朱瞻基绘《子母鸡图》，台北故宫博物院藏

年初一，不杀鸡

在春节期间的禁忌中，大年初一的禁忌特别多，"年初一，不杀鸡"就是其中流传广、影响大的一个。

"年初一，不杀鸡"习俗的来历是多方面的。

其一，是没有杀鸡的实际需要。从腊月二十三到除夕，家家户户要打扫卫生，置办年货，准备食品和衣物，迎接春节的到来。一般在除夕前，鸡鸭鱼肉、年糕、饺子、油炸食品、香烟、香肠等都已经准备好。既然一切准备就绪，应有尽有，年初一杀鸡就毫无必要了。

其二，是年节期间整体上的禁忌使然。初一不仅不杀鸡，而且任何动物都不得宰杀，这种禁忌一直延续到正月十五。如果杀鸡的话，必然会流血，流血即所谓"破"，"破"即破败、破坏、衰落之意，当然是很不吉利的。过年既然讲求大吉大利，就不可以杀鸡。另外，"鸡"与"吉"同音，以鸡谐"吉"，象征吉祥如意，杀鸡即意味着破除了吉利，这是人人都不愿看到的。由于年初一的重要性，初一不杀鸡就意味着一年到头都吉利。

年初一，不吃稀

"年初一，不吃稀"也是春节的重要忌讳之一。说的是在大年初一这天，一日三餐不可吃稀饭，否则这一年当中，出外旅行时一定会碰到下雨。无论是谁，出门远行都盼望着遇上晴朗的好天气，不希望被淋雨。

之所以不吃稀，还有别的妨碍，那就是对下一代年轻人不利。稀饭，不少地方又称为"粥"或"糊涂"，很容易让人联想起"发昏""不明白""不清醒"等含义。尤其对于小孩子来说，如果过年吃稀，就可能读书识字算术犯糊涂，不会干活。还有的说，如果孩子年初一吃稀，就会忘记娘家的亲戚。

更为重要的是，"稀"意味着"薄"，年节吃稀，意味着一年吃喝不足；"年初一，不吃稀"，则象征着过去和将来的一年里丰衣足食，生活富裕。

在食俗上，除了不吃稀外，年初一还有早上不吃荤和不吃药的习俗。据说大年初一是万神盛会之时，所有的神都要出来拜年，为表示尊敬，首先人们要吃素不吃荤。另外除了重病，初一最好不要吃药，以求新年身体健康。在饮食上年初一还有其他禁忌，如吃饭忌无鱼，有鱼忌全部吃光，是为了讨个"有余（鱼）"的吉利；吃饱了不能说"我不吃了"，因为这都是不吉利之语，非吉则忌。

二月二，龙抬头

农历二月初二，俗称"青龙节"，传说是龙抬头的日子，它是我国农村的一个传统节日，名曰"龙头节"。俗话说："二月二，龙抬头，大家小户使耕牛。"此时，阳气回升，大地解冻，春耕将始。传说此节起源于三皇之首伏羲氏时期。后来黄帝、唐尧、虞舜、夏禹纷纷效法先王。到周武王，不仅沿袭了这一传统做法，而且还作为一项重要的国策来实行，于二月初二举行重大仪式，让文武百官都亲耕一亩三分地，这便是龙头节的历史传说。

另外还有一种说法：相传二月初二是轩辕黄帝出生的日子。夏历二月初二，传说天上掌管降雨之神龙王抬头，意味着今后雨水会多起来，有利于耕种。

还有一种说法是龙王因思念失去的女儿，总是在农历二月初二这天从海底抬头出来，望着失去女儿的方向，以寄思念。

我国北方广泛流传着"二月二，龙抬头；大仓满，小仓流"的民谚。从科学角度看，农历二月初二是在"惊蛰"前后，大地开始解冻，天气逐渐转暖，农民告别农闲，开始下地劳作。所以，古时把"二月二"又叫作"上二日"。因此，盛行于我国民间的春龙节，在古时又称春耕节；有的地方也把"二月二"叫作"上工日""中和节""龙抬头""龙头节""青龙节""踏青节""挑菜节""迎富日"等。

在辽宁锦州地区，"二月二"在乡间更多的是被称为"猪头节"。这一天要贴"猪头花"样式的剪纸，吃猪头肉，民间称之为"扒猪头"。

趣味链接：
"春龙节"及风俗

在我国北方大部分地区，春龙节这天早晨人们打着灯笼到井边或河边挑水，回到家里便点灯、烧香、上供。山东等地区过春龙节，用灶烟在地上画一条龙，俗称引钱龙。俗信引龙有两种目的：一是请龙回来，兴云播雨，祈求农业丰收；二是龙为百虫之神，龙来了，百虫就躲起来，这对人体健康、农作物生长都是有益的。

春龙节这一天，许多人家还要吃面条、炸油糕、爆玉米花，取"挑龙头""吃龙胆""金豆开花，龙王升天，兴云布雨，五谷丰登"之意，以示吉庆。节日时，各地普遍把食品名称加上"龙"的头衔。吃水饺叫吃"龙耳"，吃春饼叫吃"龙鳞"，吃面条叫吃"龙须"，吃米饭叫吃"龙子"，吃馄饨叫吃"龙眼"等。妇女们在二月初二这天不能做针线活，因为苍龙在这一天要抬头观望天下，使用针会刺伤龙的眼睛。这一天，妇女起床前，先念"二月二，龙抬头，龙不抬头我抬头"。起床后还要打着灯笼照房梁，边照边念"二月二，照房梁，蝎子蜈蚣无处藏"。有的地方妇女停止洗衣服，怕伤了"龙皮"，等等。

一个女婿半个儿

人们常说"一个女婿半个儿",这句俗谚是如何来的呢?

唐朝前期是我国封建社会的鼎盛时期。大唐帝国经济文化的繁荣,为边疆各族人民所倾慕。开明的唐太宗又实行正确的民族政策,被全国各族人民拥戴为"天可汗"。当时,少数民族酋长都以娶唐朝的公主为荣,唐太宗也以许配公主作为联结民族感情的纽带。安史之乱后,唐朝走下坡路了,但联结民族关系的纽带还维持着。公元 788 年,唐德宗以咸安公主嫁回纥可汗,回纥可汗恭敬地回信说:"昔为兄弟,今婿半子也。陛下若患西戎,子请以兵除之。"女婿称"半子"便从此传开了。

趣味链接:
为什么女婿有"坦腹""东床"的雅称?

东晋时期,太傅郗鉴是个喜欢朴实的人,朴实也就成了他选择女婿的重要标准。一天,他派门生到丞相王导家求王家子弟为婿。当时王家子弟都在东厢房,王导让这位门生自己去东厢房挑选,但见这些后生们一个个打扮整齐,恭候挑选,唯有一个后生一身旧打扮,袒胸露腹斜躺在东床上,纹丝不动。门生回报郗鉴说,王家的儿郎都很好,听说来挑选女婿都很矜持,只有一个后生在东床上"坦腹卧",就像不知道这件事一样。郗鉴说:"我就选东床的那个后生做女婿。"又进一步打探,知道这个人是王导的侄儿王羲之,就把女儿嫁给了他。后来王羲之成了有名的书法家,被尊为"书圣","坦腹""东床""东床客""东坦"也就成了女婿的雅称。

好女不着嫁时衣

这句俗语是说好的女子是不穿出嫁时的衣服的。这是对女子婚后生活态度的一种评价。

旧时有的女子长到十五六岁时,便不断地向父母要钱,积攒起来,临嫁

时便用这些钱多添置衣服嫁妆，出嫁后，或夸耀于公婆，或争荣于妯娌，以便提高自己在婆家的地位。对于这种现象和做法，人们认为是不可取的。如果你能勤俭持家，相夫创业，日后定能过上富裕的生活；如果你只图虚荣，肆意讲究，即使陪嫁再多，也会坐吃山空。毕竟相夫教子过日子，好坏不在几件衣服上。所以，人们对那些结婚后不穿出嫁时的衣服，而是把它们压在箱底、尽心持家过日子的女子称为"好女"。

趣味链接：
为何出嫁女不能在娘家过年？

旧时风俗，嫁出去的女儿，过年时不许回娘家，如果新年在娘家过，则会吃穷娘家，等于表示她希望娘家贫穷。也有的说，嫁出去的女儿就是别人家的人了，既然已经出嫁就不能再吃回头饭，尤其是大年初一不得在娘家吃。既然初一不能回娘家过年，总该有个制度化、形式化的安排，在春节期间给看望娘家人留个日子，所以有的地方初二、初三以后，出嫁的女儿就可以无拘无束地回娘家了。

根据流传久远的年节习俗，大年初二是"迎婿日"，也有人说这天是"女孩儿日"。也就是说，嫁出去的女儿，全都在这一天回娘家。如果是新嫁的娘子，一定要带着新郎官一起回去。人们把大年初二年轻的媳妇们带着丈夫回娘家探望父母家人叫作"回门"或"归宁"。由于这一习俗对娘家非常重要，如果有哪家的女儿女婿没有如期赶到，或没有准备好礼品回门，这家人会过得很不愉快，甚至有倒霉或不吉利的感觉，也影响着未来一年的生活。

地上无媒不成亲

在中国民间的婚姻中，媒人起到了十分关键的作用。中国礼俗一再强调"天上无云不下雨，地上无媒不成亲"的所谓缘分。男女双方必须经过媒人说合才能够结成连理。媒人可以主动为男女双方牵线搭桥，也可以是受人之托，忠人之事。

在搓合成功一对男女后，媒人可得到一些钱，这笔钱被称为谢媒礼。这笔钱一般由男方支付。如果是男到女家，则由女方支付，在成亲的前一天，连同送媒人的鸡、鸭、肘子、鞋袜、布料一起送到媒人家。媒人第二天一定要去引导接亲，称之为圆媒或启媒、发媒。谢媒礼的钱数由主家的经济状况决定，而且必须用红纸封好，称为红包或包封。

父母之命，媒妁之言

中国古代是男尊女卑的社会，说是"父母之命"，主要是父亲之命。订婚一般由父亲做主，婚约一般由父亲签订，婚仪一般由父亲主持。当然母亲也有一定的发言权。

媒，就是谋合；妁，就是斟酌。媒妁，即斟酌情况，谋合两姓，使其相成。媒人主要是起到中介作用，所以现代仍有"媒介""媒介语"等词。因为古人生活圈子很小，很少往来，彼此情况不熟悉，需要媒人加以介绍、说合、联系，所以有谚语云："天上无云不下雨，地上无媒不成亲。"

媒妁之言虽不可少，但媒人的地位在古代并不高，究其原因，主要是媒人为撮合两姓，往往两头说谎，口无真言。如有的媒婆善于利用语言技巧行骗：一个媒婆到男家说女方"脸盘端正、黑头发、没有麻子"，到女方家说男方家"过的日子好，四十亩地，仨牛"。前一句利用语气停顿造成歧义，实则是"脸盘端正、黑、头发没、有麻子"；后一句则利用谐音关系，"亩"谐音"没"（在有些方言中，"没"读"mú"），"仨"谐音"杀"，实为"过的日子好，四十，没地，杀牛"，意思是说男方过的日子好，四十岁了，没有地，以杀牛为生。

女命无真，男命无假

民间有属相冲克之说。受属相冲克之说影响最大的是婚姻，其次是丧祭，而许多日常小事也受到它的影响。据说属虎的人不可去看新生的小猫，如果看了，母猫就会把小猫叼走藏到隐秘的地方。还有的说属鼠的女人月经量少，属

牛的女人月经量多；属羊的最好生在春、夏两季，因为春夏时青草茂盛，羊有草吃不会挨饿，秋冬的羊就苦了，因此秋、冬两季出生的属羊人大多是命多贫苦。这些当然都是无稽之谈。

属相冲克经常会影响婚姻，过去男女双方不管其他条件有多好，多么般配，如果算命的算出两人的属相冲克，那就不能结合；相反，如果两人的八字算来是非常理想的"上等婚"，不管本人愿意不愿意，家人和媒人必会极力撮合。所以旧式婚姻造成许多怨偶，双方都会痛苦一辈子。一般人又认为女人属羊或属虎命多不好，属羊的命孤苦，属虎的命硬会妨克丈夫，没人敢娶，因此论嫁的时候多半要瞒着岁数改属相。俗语说"女命无真，男命无假"，就是由此而起，是不得已而为之。

生男勿喜，生女勿悲

"生男勿喜，生女勿悲"这句民间古谚约产生在汉武帝时代，已有两千多年的历史。

汉武帝刘彻即位后，好几年没有得子。他的姐姐平阳公主很关心这件事，就挑选了十几个美女藏在家里。有一天汉武帝到她家来，平阳公主让美女们侍候他，谁知汉武帝一个也看不上。后来，宴会时，歌女卫子夫出来表演，卫子夫身材妖娆，舞姿优美，汉武帝被她迷住了，就把她接进宫去，尊宠日隆，后来立为皇后，生三女一男，卫家亲戚竟有多人封侯，其中包括抗击匈奴有大功劳的卫青（卫子夫的弟弟）、霍去病（卫子夫姐姐的儿子）。卫青的几个儿子也封了侯，贵显天下，因此，民间流传谚语说："生男勿喜，生女勿悲。"

后人用"生男勿喜，生女勿悲"比喻生女如卫子夫，也可使全家光荣。

霍去病墓茂陵石刻马踏匈奴

弄璋之喜、弄瓦之喜

弄璋之喜指"生男孩"，弄瓦之喜指"生女孩"。该典故出自《诗经·小雅·斯干》，原文是："乃生男子，载寝之床，载衣之裳，载弄之璋。乃生女子，载寝之地，载衣之裼，载弄之瓦。"意思是说：生下来个男孩，让他睡在床上，给他穿好看的衣裳，让他拿着玉璋玩。生下一个女孩，就让她睡在地上，穿上小裼衣，让她玩纺具（瓦）。让女孩生下来就弄纺具，是希望她日后能纺纱织布，操持家务。但是首先从"璋"和"瓦"的比较来看，前者是上等的玉石，后者则是纺车上的零部件。其次，璋为玉质，瓦为陶制，两者质地也截然不同。再次，璋为礼器，瓦为工具，使用者的身份也完全不一样。所以，男孩"弄璋"、女孩"弄瓦"，反映出古代社会中"男尊女卑"的思想。

由此观之，即使早在《诗经》时代，中国社会中"重男轻女"也已经成为一种风气。后来，老是生女孩的妇女甚至被人戏称作"瓦窑"。

白马犯青牛，猪猴不到头

民间有口诀曰："白马怕青牛，羊鼠一旦休。蛇虎如刀锉，猪猴不到头。金鸡怕玉犬，兔龙泪交流。"民间还忌娶属羊和属虎的女子，认为属虎的"克丈夫，妨公婆，终无子，主贫穷"，属羊的则是"女属羊，守空房""眼露四周白，五夫守宅"，等等。

难道白马就真的犯青牛、猪猴就真的不到头吗？毫无根据！不但白马青牛和猪猴，其他种种命相属相的相合相犯都没有任何科学道理。

关于生肖吉凶与婚姻的关系，

民国时期的景泰蓝母鸡熏

古人早已予以批判。北宋徽宗因属狗，曾诏于天下禁止杀狗，人们不禁问："神宗皇帝（徽宗之父）生于戊子年，生肖为鼠。为何当时不禁养猫？"清代小说家李汝珍在其名著《镜花缘》中有一段论及生肖迷信的话，讲得十分精辟，如今读来，仍是意味深长："尤可笑的，俗传女命以属羊为劣，男以属虎为凶，其说不知何意？至今相沿，殊不可解。人值未年而生，何至比之于羊？寅年而生，又何至变为虎？——且世间惧内之人，未必皆系属虎之妇。况鼠好偷窃，蛇最阴毒，那属鼠属蛇的，岂皆偷窃阴毒之辈？为四灵之一，自然莫贵于此，岂辰年所生，都是命？此皆愚无知，造此谬论，往往读书人亦染此风，殊为可笑。"至于命相与生辰八字的道理，也是如此。

但可笑归可笑，论命相、讲属相，并据此为当事人合婚，则是长久以来形成的风俗，人们已经形成了一种心理定式，属相不合的就尽量不在一起。在21世纪的今天，不仅生辰属相的旧观念仍然在作怪，有的还相信国外流传来的星座学说，星座不合适的也要分开，在这种迷信思想下，把幸福交给虚无缥缈的迷信活动，让幸福从身旁溜走，实在没有道理。

房上没安插花兽，别想攀那高门楼

插花兽是坐落在屋脊两端的饰物，是社会地位的一种象征，只有富贵学识人家的屋脊上才装饰有此种饰物，一般平民百姓家的房子上是没有的。插花兽分"张嘴兽"和"闭嘴兽"两种式样。"张嘴兽"表示该户人家有功名，而没有功名的人家即使家里再富也只能使用"闭嘴兽"。

高门楼同样是社会地位的象征，只有富贵人家才能住高门楼、阔院墙的宅第，一般平民百姓家不可能住高门楼的房子。

"房上没安插花兽，别想攀那高门楼"是说婚姻当中讲究门当户对，富贵人家找富贵人家结亲，平民百姓找平民百姓结亲。就门当户对而言，也有典故。有一种说法，所谓"门当"，是指古时富贵人家门前精雕细刻的两面石鼓门枕，如果石鼓上面镌刻花卉图案，说明该户人家为经商世家；如果石鼓为素面无花卉图案，则表明此为官宦府第、书香人家。这与插花兽有异曲同工之

"金銮殿"屋脊上的走兽

妙。所谓"户对"，则是指宅第大门框上方凸出的四尊木头雕刻的漆金"寿"字门簪。古时富贵人家儿女定亲之前，一般都会暗中派人到对方家的门前看看其门当户对是否与己相似。"门当户对"由此演化成男女婚配的客观条件。

第三章　称谓叫法，方寸之间学问大

称谓是指人们因婚姻和社会关系，以及从身份、职业等方面建立起来的名称、称呼。称谓文化丰富多彩，在人们的日常交往中起着重要的作用。它不仅具有人称指示功能，还具有重要的礼仪功能；它既是语言现象，也是文化现象。

比如社交称谓，社交称谓是反映人们在社会生活中相互关系的称谓习俗。"主席""先生""泰斗""老人家"这些都属于社交称谓，它们有什么渊源？有什么来历？本章将追根溯源，一一道明。

再比如特殊称谓，特殊称谓主要有职业称谓，"店小二""茶博士""商人""梨园弟子""学士""方丈"，这些都属于职业称谓。特殊称谓还有行业名称，如"交椅""跑龙套"，等等，这些称谓的由来，称谓的典故，在本章也会一一呈现。

这些称谓有的用在人民大众的口语里，有的用在文章里。它们因何而来，该用在什么地方，都是我们要了解和学习的。了解这些称谓，不仅可以增长见识，还可以学到不少历史典故。随着时代的变迁与社会的进步，有些称呼称谓依旧活跃在人们的语言中，有些则已经消失不见了，封建社会那些不合时宜的繁缛的礼仪及称谓，逐渐退出了历史舞台，不管怎么说，多了解一些称呼、称谓还是有用的。

华　夏

中国人自古以华夏子孙自称，中华、中原、华夏等都是对中国的称呼。

《左传》中说："中国是一个文明古国，一向被称作礼仪之邦，叫作'夏'。'夏'有高雅的意思，再加上中国人的服饰很美，所以又叫作'华'。"

还有一种说法，认为中国历史上最早的朝代是在黄土高原上建立的夏朝，它在上古时代文明程度最高，影响也最大，在中国历史上留下了不可磨灭的一页。夏朝从一开始就以中央大国自居，因此，"夏"就有了"中国"的意思。"夏人"也就成了"中国之人"。后来，人们把文明程度高的地区称为"夏"，把文明程度高的人或族叫"华"，"华夏"合起来就代表了中国是一个有高度文明和发达文化的中央大国。"华夏"也渐渐成了中华民族的代名词。

趣味链接：

中国的别称有哪些？

赤县神州。最早见于《史记·孟子荀卿列传》，其中提到战国时齐国有个叫邹衍的人，他说："中国名为赤县神州。"后来人们就称中国为"赤县神州"。但更多的是分开来用，或称赤县，或称神州。

华。古同"花"，引申为美丽而有光彩。"华"作为中国的简称，历史悠久。对"华"的解释，一种说法是古代中原地区的人们，认为自己居住在衣冠整齐而华丽的文明地区，所以自称为"华"。另一种说法是："华"含有红色的意思。古代的周朝人喜欢红颜色，把红颜色看作吉祥的象征，所以就自称为"华"。

诸华。由于周朝人自称为"华"，所以周王朝分封的中原许多诸侯国，就称作"诸华"。晋代杜预为《春秋左传》作的注解上说："诸华，中国也。"

中华。秦朝以前，华夏族称自己的祖国为"中国"，秦以后，逐渐发展成为一个多民族的国家，又有"中华民族"的说法。"中"是中国，"华"是华夏族的指称，中华民族是中国各民族的总称。

夏。在古代有"大"的含义。中国历史上第一个奴隶制国家，是大禹建立的夏王朝，后来人们就常用"夏"来称呼中国。

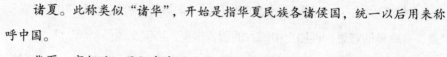

诸夏。此称类似"诸华",开始是指华夏民族各诸侯国,统一以后用来称呼中国。

华夏。商朝时,居住在中原地区的华夏族和南方、北方的一些少数民族,都向当时的商朝称臣。华夏族是当时的主要民族;后来人们就把华夏作为中国的代称。

九州。相传夏禹治水后,分中国为九州:冀、兖、青、荆、扬、梁、雍、徐、豫。《淮南子•地形》又记:中国古代设置九个州:神州、次州、戎州、自州、冀州、台州、济州、薄州、阳州。后来,"九州"就泛指中国。以"九州"的意思还派生演化出"九域""九有""九土""九区"等许多名字。

另外还有"八州""海内""九牧""九区"等。

鼻 祖

鼻祖,就是创始人。"鼻"的本字原为"自"。《说文》一书中说:"自,鼻也,象鼻形。"也就是说,"自"是一个象形字,其本义就是指鼻子。甲骨文和金文中的"自"字都像人的鼻子的模样时,"自"和"鼻"的读音是一样的。由于人们在说到自己的时候经常会指着自己的鼻子,故"自"的字义后来逐渐演变为第一人称代词。到了秦汉的时候,人们又新造了一个形声字来表示"自"字所代表的本义——"鼻子"。这个新造的形声字就是"鼻"字,其中"自"表形、"畀"表声。而且后起的"鼻"字不仅代替了"自"的本义,还可代表"自"的引申义"始",也就是说"鼻"亦当"始"讲。如西汉扬雄在其《方言》一书中说:

传说蔡伦是造纸业的鼻祖

"鼻，始也。兽之初生谓之鼻，人之初生谓之首。梁益之间，谓鼻为初，或谓之祖。"

《说文》里有"今以始生子为鼻子"的说法。就是把生的第一个儿子称"鼻子"，这里的"鼻"字的意思即"第一""最初"或"开始"的意思。

所以，最早的祖先、创始的祖师就称"鼻祖"。

主　席

古代没有桌椅，人们席地而坐。席地而坐也颇讲究，先铺上房间那么大小的席子叫"筵"，每个人坐的小垫子叫"席"。

古人进屋，先脱鞋，再走过筵，坐在席上。入席时，客人有客座，主人中的长辈独自坐在正位或主家席位，叫作"主席"。这个"主席"称谓于是叫开来，慢慢演变成现在的会议主持人，或是国家、团体的领导人的职位名衔了。

"主席"一词是中国人发明并流传到世界各地的。不过，西方较早有凳子和椅子，他们也没有席地而坐的习俗，所以"主席"一词翻译成外文，便由"坐在主家席位"转译成"椅上人"（Chairman）了。

唐代孙位所绘图画中人们席地而坐

古代对民众的称谓

五代画家周文矩《文苑图》中的文士服饰样式

古代对民众的称谓主要有：

百姓。古代对贵族的总称。商代的奴隶主是贵族，总称为"百姓"（因为当时只有贵族才有姓）。战国以后，"百姓"为平民的通称，与"民"为同义词。

黎民。即平民，亦即"众民"的意思。一说"黎"通"骊"，黑色。"黎民"因黑发而名，一般泛指劳动人民。

黔首。黔首是秦王朝时对平民的称呼。黔，黑色。"黔首"，犹如黑头。秦尚黑色，当时平民都用黑布包头，故称"黔首"。

布衣。即平民。古代富人穿丝绸，平民穿麻布，所以称"布衣"。《出师表》："臣本布衣，躬耕于南阳，苟全性命于乱世，不求闻达于诸侯。"

庶人。又叫"庶民"，也作"庶人""黎庶"。西周以后对农业生产者的称谓。西周时庶人可做被封赐的对象，其身份比奴隶高。春秋时，庶人的地位在士之下，工商奴隶之上。秦汉以后，泛指未做官的一般平民。

褐夫。"褐"为兽毛或粗麻织成的短袄，为贫贱之服。"褐夫"为衣褐之人。《孟子·公孙丑上》："视刺万乘之君，若刺褐夫。"

闾左。秦时称贫苦百姓为"闾左"。"闾"为里巷的门，穷人居左，富豪居右，故此名之。《史记·陈涉世家》："发闾左谪戍渔阳九百人。"

交 椅

要说交椅，还得从古人的坐法说起。汉魏以前，古人都是席地而坐的，自然没有什么椅子。汉灵帝时，从北方传入了"胡床"，其样子犹如矮凳，同时传入的还有一种绳床，可以折叠。这种绳床后来也叫胡床。

隋朝时，因为忌讳说"胡"字，而且这种椅子的特点是张开后才能平稳，所以改称"交床"。到了南宋，人们又将交床改称为交椅。据说，奸臣秦桧坐交床时头总是向后仰，以至巾帻坠

过去的黄花梨交椅

下，京尹吴渊为了拍秦桧的马屁，特地在交床后部装上托背，人称"太师椅"。

在等级森严的封建社会，交椅不是任何人都能坐的，而是身份、地位的象征。正因为交椅有此特殊作用，所以，"坐第一把交椅"就成了首领的代名词。

趣味链接：

太师椅

有关太师椅名称的最早记载见于宋代张瑞义的《贵耳集》。书中提到："今之校椅，古之胡床也，自来只有栲栳样，宰执侍从皆用之。因秦师垣宰国忌所，偃仰，片时坠巾。京尹吴渊奉承时相，出意撰制荷叶托首四十柄，载赴国忌所，遗匠者顷刻添上。凡宰执侍从皆用之。遂号太师样。"文中提到的秦师垣，即当时任太师的大奸臣秦桧。

太师椅是唯一用官职来命名的椅子，它最早使用于宋代，是从秦桧时兴起的，最初的形式是一种类似于交椅的椅具，具有折叠结构。据史书记载，宋

代有位叫吴渊的京官奉承当时任太师的秦桧，出主意在秦桧的交椅后背上加一个木制的荷叶形托首，时称"太师样"，后来效仿者越来越多。到了清代，太师椅变成了一种扶手椅的专称，这显然是不妥的，因为清代并没有太师的官衔，这时的"太师"一直是民间的俗称而已。太师椅的靠背板、扶手与椅面间呈直角，样子庄重严谨，因为是清代流行，所以具备了清式家具的特征，比如用料厚重、造型庄重、雕饰繁重、体量宽大、气度宏伟、硕大夸张，装饰繁缛等，都是为了突出主人的地位。

桑 梓

桑梓是桑树和梓树的合称，它们都是很有实用价值的好树木，在古人的心目中，分枝再生能力极强的桑树和生长快速、材质优良的梓树都是生命之树，人们将它们视为灵木。古人常常在庭院四周栽种这两种树。久之，桑树和梓树就成了故乡的象征，"桑梓"也就成了故乡的代名词。

最早的记载见于《诗经·小雅·小弁》，诗的大意是：我见到了桑树和梓树，便想起家园四周父母也种了它们，引起了我对父母的怀念，于是便恭恭敬敬地对着它们。我尊敬的是自己的父亲，我依恋的是自己的母亲。东汉张衡《南都赋》："永世友孝，怀桑梓焉；真人南巡，睹归里焉。"这里就用桑梓代指故乡了。

足 下

"足下"最早是尊称，在古代，下称谓上，或同辈相称，都用"足下"，意为"您"。例如，乐毅《报燕惠王书》："恐伤先王之明，有害足下之义，故遁逃走赵。"意思是说：担心损害了先王英明的形象，破坏了您仁义的声名，所以逃到赵国。

战国以后，不仅是臣下对君主，同辈之间也可以用"足下"来称呼。无论是下对上，还是同辈相称，"足下"都带有敬意。那么，为什么尊称对方用"足下"这个词呢？据刘敬叔《异苑》卷十记载，这个词和介子推有关。

晋公子重耳遭受迫害，在国外流亡 19 年之后回国即位，是为文公。文公赏赐当年随他一道流亡的人，却把介子推给忘记了；而介子推自己也没有提起要求赏给禄位。介子推母子一同隐居于绵山，再也没有露面。

晋文公后来召见介子推，却已不知去向。经多方探问，才知道隐居于绵山。深山老林，何处寻找呢？文公于是下令放火焚山，谁知介子推坚不肯出，终致抱树被活活烧死。晋文公闻讯，深为伤感。后来文公又亲临介山祭奠，抚摸着介子推抱着殉身的那棵已经烧焦的树，泪水涟涟，哀叹不止。他命人砍下那棵树，制成一双木头鞋，时常穿着；每每怀念介子推的功绩，就低下头来看看那双木头鞋子，说："悲乎！足下！"可以说，"足下"的本意是对一个生死之臣的最后一点念想。

所以"足下"一词，是因这个典故而来，取其睹物思人、感念昔日恩义，进而衍生出对朋友的敬称之义。后来"足下"就用于尊称朋友了。

先 生

"先生"这个称呼由来已久。不过历史上不同的时期，"先生"这个称呼是针对不同对象的。《论语·为政》："有酒食，先生馔。"注解说："先生，父兄也。"意思是有酒肴，就孝敬了父兄。《孟子》："先生何为出此言也。"这一"先生"是指长辈且有学问的人。

到了战国时代，《国策》："卫客患之，乃见梧下先生。"《国策·秦策》："先生坐，何至于此。"均是称呼有德行的长辈。

第一个用"先生"称呼老师的，始见于《曲礼》："从于先生，不越礼而与人言。"注解说："先生，老人教学者。"今称教师为"先生"，也是这个意思。

民国时期私塾先生和学生

后来，"先生"这个称呼所指趋于广泛。有称道士为先生的，如《水浒传》中称公孙胜为先生。对江湖人士如占卦的叫占卦先生，卖草药的叫草药先生，测字的称测字先生。

现在"先生"的用法更为广泛，妇女也将自己以及别人的丈夫称为"先生"了。

桃 李

学生历来被称为桃李，称赞一个老师的学生很多，就说是"桃李满天下"。还有一个成语叫作"桃李不言，下自成蹊"。"桃李"这个词语到底怎么来的呢？

汉朝的《韩诗外传》中记载：春秋时，魏国大臣子质曾经提拔和保举过很多人。后来，他因得罪魏文侯，就只身跑到北方去。子质遇到一个叫子简的人，便向他发牢骚说："以前我当魏国大臣的时候，辛辛苦苦地提拔和培养了许多人。如今流落到北方落得这步田地，竟然没有一个人肯帮我一把，以后我再也不培养什么人了。"子简听了，笑着对他说："春天种了桃树和李树，到夏天就可以在树荫下乘凉和休息，秋天还可以吃上可口的桃子和李子。可是，你要在春天种的是蒺藜，夏天就不能利用它的叶子，到秋天它长出来的刺倒还要扎人哩。培养人才，就如种树一样，应该首先选好对象，然后再加以培植啊！"这就是"桃李"一词的由来，即培养和提拔的优秀人才。同时，培养人才称作"树人"，如"十年树木，百年树人"。

趣味链接：

教师的称谓

由于学校名称的繁杂，受教育的对象不同，在我国古代的不同历史时期，对教师的称谓也不尽相同。

夫子：起先孔子的门徒尊称孔子为夫子，后来夫子成为对教师的尊称。

师：泛指老师、教师。

师傅：老师的通称。

师保：古时担任教导贵族子弟的官，有师有保，统称"师保"。

师氏：或称父师、少师，简称师。师是周时掌管辅导王室、教育贵族子弟及其朝仪得失之事的官，也是国学中的教师。"父师"是退休的大夫，"少师"是退休的士。他们在致仕之后一般会在乡学中担任教师。后来用师泛指老师。

先生：《礼记·曲礼上》："从于先生，不越路而与人言。"郑玄注："先生，老人教学者。"

宗师：掌管宗室子弟训导的官员。

老师：教授学生的人。明清两代，生员和举子称呼主试的座主和学官"老师"。

塾师：私学教师，塾是古代私人设立的学校。

书师：汉时对启蒙的教师的称谓。

馆师、馆宾："馆"是旧时私塾的别称。故"馆客""馆宾""馆师"也指教师。

民国时期的学生毕业照

教习：学官名。明代选进士入翰林学习，称庶吉士，命学士一人任教，称为教习。清末兴办学堂，其教师也沿袭教习。

教谕：宋代在京师设立的小学和武学中的教官。元明清县学皆置教谕，掌文庙祭祀，教育所属生员。

教授：宋代除宗学、律学、医学、武学等置教授传授学业外，各路的州、县学均置教授，掌学校课试等事。元代诸路散府及上中州学校和明清的府学亦置教授。清江藩《国朝汉学师承记》："自以不习吏事，就教职，选授江南府教授。"

助教：国子监教师，西晋咸宁二年（公元276年）立国子学，始设助教，协调国子监博士传授儒家经学。

学博：唐代府郡置经学博士一人，以五经教授学生，后泛称教官为"学博"。清代它又成为州县学官的别称。

学正：宋元明清国子监所属学官，协助博士教学，并负训导之责。元代路、州、县及书院也设学正，明清州学设学正，负责教育所属生员。

学录：宋元明清时国子监所属学官。掌执行学规，协助博士教学，元代路学设学录，协助教授教育所属生员。

学官：又称"教官"。指中国旧时主管学务的官员和官学教师。

监学：清代中等学堂以上设监学，掌稽查学生出入、考查学生功课勤惰等事。

司业：隋以后国子监设司业协助祭酒掌儒学训导之政。历代沿置，为学官，至清末废。宋濂《送东阳马生序》："司业博士为之师。"

祭酒：汉平帝时始置六经祭酒。后置博士祭酒，为博士之首，属大学中教言（主管官）。隋唐以后称国子监祭酒，至清末废。

学政：宋代太学的教官。

讲郎：讲授经书的官员。

太保：指太子太保，为辅导太子的官，也称太师太傅。

绛帐：汉代著名学者马融在授课之时常居于高堂之上，身边放下红色的帷帐，"前门授徒，后列女乐"。后人因此将绛帐或绛帷作为师长的尊称。

博士：自先秦以来对国家的称呼，相当于国立大学的教授，经学教师称博士。到唐宋时期，各专业学校更有"律学""算学""书学"博士之分。

西席：又称西宾、讲席。古人席地而坐，以居西而面东为尊，故教师被称为西席。

九 泉

"九泉"原指地下深处，表示人死后埋葬的地方。《东周列国志》第七回："郑庄公亲率诸大夫往观。才焚祝文，只见一人蓬首垢面，径造郑伯面前，跪哭而言曰：臣考叔先登许城，何负于国？被奸臣子都挟争车之仇，冷箭射死。臣已得请于上帝，许偿臣命。蒙主君垂念，九泉怀德！"

"九"在个位数中最大，在中国文化里有多、大、深、极等意思，"泉水"通常要打很深的井才会冒出来，古人认为人死后要到很深的"阴曹地府"去，因此就把"九"和"泉"字联结起来称为"九泉"。

泰 斗

泰斗指有名望、有影响、被人们所景仰的文学家，"泰斗"是"泰山""北斗"的简称。据《新唐书·韩愈传》记载：唐朝的文学家韩愈，善于写古文，死后他的文章广为流传，当时的学者"仰之如泰山、北斗"。

起初，人们把韩愈比作"泰山""北斗"，是表达对这位文学家的推崇和景仰之情。后来，人们习惯于用"泰山""北斗"的简称"泰斗"指称文学界的领袖人物，如唐宋八大家中的欧阳修、苏轼就分别被时人称为"文坛泰斗"或"文坛领袖"。印度的泰戈尔是著名作

清代叶衍兰所绘《苏轼像》

家、诗人和社会活动家，他的创作对印度近代文学的发展有重要的影响，所以人们常称他为近代印度的"文学泰斗"。

"泰斗"一词在使用过程中，其含义逐渐扩大，常被借用来比喻在某一方面成就突出，在社会上有名望、有影响的人。如明代医学家李时珍被尊为"医学泰斗"，牛顿、爱因斯坦则被称为"物理学泰斗"，等等。

汗 青

"汗青"是史册的意思，但是，"汗"字没什么其他讲解，只是出汗之意；"青"也没有太多的含义，多表示蓝、黑或绿等颜色。

为什么史册同出汗、青色发生联系了呢？

这要追溯到纸张发明之前了。那时古人记事要用"竹简"，亦即用上好的竹片记写镂刻事情和文章，此一片片的竹即称"竹简"。竹简的制作并不简单，首先要选择上等的青竹（此"青竹"指绿色之竹），称其为"青"；然后削成长方形的竹片，再用火烘烤一片片的青竹，一方面是便于书写，另一方面也为干燥防虫。烘烤之时，本来新鲜湿润的青竹片，被烤得冒出水珠，这道烘烤青竹的工序就叫作"汗青"了。"汗青"的原意是青竹出汗的工序，渐渐成了竹简的代名词。

从出土的古代竹简来看，长的竹简常用于书写儒家经典，短的竹简常用其记载诸子事迹及史传。因此"汗青"代称竹简，再进一步演变，人们便将其代称竹简所记载的"史册"了。

问 鼎

此语源于《左传·宣公三年》。

楚庄王攻伐陆浑族，追逐到雒（luò）邑时，在周王的疆界举行了大阅兵，借以向周定王炫威。周王畏于楚军的势力，便派大夫王孙满去慰劳楚军。

当时，周王藏有大禹平定九州后铸造的九尊宝鼎，周三代视其为国宝，从不轻易示人。而楚庄王对九鼎却一直垂涎三尺，他借王孙满慰劳之际，向他询问鼎的大小、轻重，其真正用心是打算取代周王拥有九鼎，从而称霸天下。王孙满对楚庄王的心思了如指掌，他说："是否能拥有天下在于德行，而不在于是否拥有九鼎。当初，夏桀昏聩无德，鼎迁到了商。后来，商纣暴虐无比，鼎又迁到了周。而今，周王的德行虽不及先君，但周室的气数未尽，天命未改。所以，这九鼎的轻重您就别操心了吧。"

春秋战国时期的鼎

后以"问鼎"比喻图谋王位之心，亦指在赛事中勇夺冠军。

媒　人

民间青年男女结婚，都要由媒人牵线说合，提起媒人，还有一个趣味故事呢！

很早的时候，有两个村庄，一个叫东山庄，一个叫西山庄。两个村庄相隔很远，村上的人平时很少来往。东山庄有一个聪明英俊的小伙子，叫赵景，西山庄有一位美貌贤惠的姑娘，叫阿彩。

有一年，这两个人经一位好心的老汉搭桥，成了亲。婚后，小两口相亲相爱，真是天生的一对，后来小两口想找那位老汉报答他，可老汉早就走了，到哪里去找他呢？后来小夫妻俩终于想出了一个办法——为他塑一尊像，放在家里来纪念，于是第二天阿彩就用米粉塑了一尊像，把他放在台上，可又怕被人家看到后笑话，所以就把那米粉人藏到柜里。

过了好长一段时间，一天，小夫妻俩又思念起那位好心的老人，于是就把那藏着的米粉人拿出来，谁知这米粉人竟浑身发了霉，于是，夫妻俩叹惜地呼出"霉人"二字。

之后，这件事一传十、十传百，大家都知道了，从那以后，人们便把为

青年男女牵红线的人称为"媒人"，后来，人们觉得"媒"字不雅，于是就把"媒人"改称为"媒人"了。

除了"媒人"这一称呼，还有其他称呼。

媒妁。媒，谓谋合二姓；妁，谓斟酌二姓。当人们认识到"男女同姓，其生不蕃"（《左传·僖公二十三年》）后，这才产生了媒妁。

冰人。《晋书·索纨传》："孝廉令狐梦立冰上，与冰下人语。纨曰：'冰上为阳，冰下为阴；阴阳事也。士如归妻，迨冰未泮，婚姻事也。君在冰上与冰下人语，为阳语阴，媒介事也。君当为人做媒，冰泮而婚成。'"后来，便把媒人叫作冰人。

月老。唐人小说记载，有个叫韦固的人，一次离家旅行住在宋城。当晚，他遇到一位老人在月光下翻检书信，身旁一个布袋里装着许多红绳。韦固感到奇怪，上前询问道："这红绳有何作用？"老人答曰："这是用来系夫妻的脚的。即使仇人之家，贫贱悬隔，远在天涯的，只要一系上去便会结为夫妻。"传说这位老人是主管婚姻之神，故以"月老""月下老""月下老人"作为媒人的别称。

红娘。来自于唐代元稹的《莺莺传》。写张生与崔莺莺相爱，是经过莺莺的侍女红娘从中设谋撮合，使这对有情人终成眷属，此后，"红娘"便成了媒人的别称。

稳 婆

古代没有助产士、接生员，往往就需要以替产妇接生为业的人。因地域及文化差异，人们对产婆的叫法也多种多样，俗语中的"三姑六婆"（明·陶宗仪《辍耕录·三姑六婆》："三姑者，尼姑、道姑、卦姑也；六婆者，牙婆、媒婆、师婆、虔婆、药婆、稳婆也"）之一的"稳婆"就是昔时人们对接生妇女的称呼。

为何称为"稳婆"呢？这是因为，旧时，由于科学不发达，卫生条件有限，常常有喜事变丧事的情况出现。人们就把妇女生产分娩比作"下地狱"

"过鬼门关"等，碰到难产、横生、倒产，则母子难保。真是两命维系，生死攸关。如果产婆有经验，面对各种险状，临危不乱，处变不惊，使婴儿安稳降生，母子平安，人们就将她们称为"稳婆"。后来，这个称呼便成为产婆的通称，寓有希望其稳保母子平安的意思。

老版年画中游戏的儿童

老 爷

"老爷"作为对士绅权贵的尊称，由来已久。大约发端于宋元，而定型于明清。最早见于正史的是《元史·董博霄传》。

宋元时期，对"老爷""爷爷"的称谓，朝廷并无明文规定，只是随意性尊称。到了明清就不同了，据清人王应奎撰《柳南随笔》载，前明时代只有朝廷的九卿和外任的司道以上的官才有资格称"老爷"，其余小官只称"爷"。到了清代，朝廷规定得更明确。四品官以上称"大人"，五品以下称"老爷"。在口语中，往往又用"官老爷"指称"老爷"，既表明被称呼人的身份地位，有时还带有讽刺意味。

称官为"老爷"，是封建等级制度的一种反映。"官老爷"表明封建官吏高高凌驾于社会和人民群众之上，享有优厚的特权。如今，"老爷"这一称号已逐渐消失，偶尔在戏剧中还可以听到。而"官老爷"作为戏剧用词或讽刺语成为人们熟悉的词语，有时还被用来称呼大大小小的官僚。

解 手

"解手"一词，在古时是指朋友相逢高兴地"携手"，等于现代的握手。离别时称"解手"。宋秦观诗有："不堪春解手，更为客停舟。"这是说春天朋

明成祖朱棣像

友相逢，高兴得不能忍受离开，竟为朋友停舟不归。可是到了明代，这个充满友情的词，却演变成了另一种含义了。

明洪武、永乐年间，发现许多省份有地广人稀、地狭人稠的现象，因此太祖、成祖多次下令，将人稠之地的人移往人稀之地。但谁也不愿离开土生土长的家乡，移往陌生之地。那时的山西洪洞、临汾、蒲绛等地的人，要移往河南、山东、河北、陕西等地。每次迁移，均以万户计，携家带眷，狼狈不堪，所以在未集结上路之前，每每有人逃亡。押解之官吏为了防范人民逃走，把他们绳捆索绑，挽结串联，使其鱼贯而行。旅途漫漫，动辄数月，移民大小便时，就得请求把捆绑手臂的绳索解开，便后，再重新捆绑。时间一久，移民要求大小便时，便简单地呼叫："我要解手！"从此这个词就成了"上厕所"的代名词。

吃 香

"吃香"原意为凭借职权而享受到的某种好处，现在一般指受人欢迎的意思。

在宋朝京师流传着"三班吃香，群牧吃粪"的说法。原来，宋朝继承唐代的制度，在宫廷内设有三班之职，分别为东头供奉、左右班殿直和殿前承旨。这"三班"都隶属于宣徽院。宋朝雍熙四年，别置三班院，以崇仪副使蔚进掌之，较其劳绩，授以内外之任。宣事于外有八千余人，罢而在院者，也常数百人。这些人官尊事简，权势日增。每年乾元节，他们凑钱到庙里进香，合以祝圣寿，此谓之"香钱"。判院官常将其余用作餐钱，这就是"吃香"一词的最初含义。

匹　夫

匹，原是数量，古代四丈为匹。又言二丈为一端，二端为两；每两就成一匹，长四丈。两而成匹，是相合的意思。按照这个意义，夫，男子；妇，女子。两者也相合，故叫匹夫、匹妇。男女相合，普普通通，后来匹夫和匹妇，就专指没有爵位的平民，"匹夫""匹妇"成了普通人的代称。《尚书·咸有一德》："匹夫匹妇，不获自尽。"意思是平常的人，不能够尽心尽力。段玉裁注《说文》："虽其半，亦得云匹……犹人有言匹夫也。"就是说匹夫、匹妇拆离开来单独也可使用，匹妇少用而渐渐淘汰，就此匹夫不光是指男子，而泛指为普通、平常的人。《韩非子·有度》："赏善不遗匹夫。"句中"匹夫"就是指寻常的人。

相关链接：

天下兴亡，匹夫有责

"天下兴亡，匹夫有责"这句话最早见于顾炎武的《日知录·正始》，背景是清军入关。原句是："保国者，其君其臣肉食者谋之；保天下者，匹夫之贱与有责焉耳矣。"以八字成文的语型，出自梁启超，意为国家之事的兴亡，保护国家不致被倾覆，是帝王将相文武大臣的职责，与普通百姓无关；而天下大事的兴盛、灭亡，每一个老百姓都有义不容辞的责任。

顾炎武画像

伙　计

伙，古代兵制十人为一"火"，即吃一锅饭，同一"火"称伙伴，还有伙

花木兰瓷雕

食。《木兰辞》中云："出门见伙伴，伙伴皆惊忙。"而伙计，在旧时指店员或长工。汉语在这个方面的词本来是很丰富的，像"店家""小二""伙计""堂倌"，等等。被继承下来的却只有"伙计"一词。在许多地区，目前仍有顾客在餐馆里以"伙计"来称呼男性侍应生的。而服务行业或小型企业的老板，也可以把雇员称为"伙计"。

"伙计"有时也指在一起合伙共事的人。明朝万历五年（1577年），进士王士性曾在北京、南京、河南、四川、云南、山东等地做官，在宦游之余，他以亲身见录实地考察，写了一部地理笔记《广志绎》。在该书卷三中，王士性对"伙计"一词考证曰："晋中俗俭朴，左称有唐、虞、夏之风。""平阳、泽、潞豪商大贾甲天下，非数十万不称富，其居室之法善也。其人以行止相高，其合伙而商者名曰伙计。"现在仍有这种用法。

在北方部分地区，"伙计"还是男性熟人间的亲昵称呼，可说是"朋友"的别称。而在粤语方言地区则没有这种用法，仅限于在小饭馆或大排档称呼男性侍应生。

小 二

在古代，"小二"是对饭店里或者茶馆里的服务员的统一称呼。为什么有这样的称呼呢？这是因为自宋元以来直至民国初年，老百姓是没有名字的。有名字的人要么是上学的，要么是当官的。不上学也不为官就不会认识多少字，名字也不会很正式。于是一般老百姓就经常用行辈或者父母年龄合算一个数目符号作为称呼。明太祖朱元璋的父亲叫"五四"，二哥叫"重六"，三哥叫"重七"，他本人叫"重八"。

关于为何叫"小二"，据说有这么一个故事：古代有一个服务员，叫王示，写名字时竖写，把"示"字常常写脱节，写为"二小"，人们就亲切地称他为"王二小"，传来传去人们就说成"小二"了，后来人们就把旅馆酒店中的服务人员称为"小二"。

古代类似饭店的服务行业中，店主的地位总是别的人不可比拟的，理所当然是这所小店中的老大，店中的服务员是店主雇用而来的，只能是老二，称为"小二"也算是恰如其分。

送　殡

为什么送死人安葬叫"送殡"？

古时候，人到了快死的时候，事先用石头砌一个小墓叫"椁"。人死后，把尸体放入椁内，把门堵死，盖上土，叫作"封椁"。后来改用棺材装殓死人。为什么要改用棺材装殓死人，这还得从战国时期孙膑和庞涓的故事说起。

庞涓和孙膑是师兄弟，庞涓见孙膑比自己高明，就设计要害死孙膑。孙膑知道后，就逃走了。庞涓下令全国各关口严加盘查，还亲自带人马四处捉拿。

一天，孙膑逃到齐魏交界的地方，想到齐国避难，但无法出关，就到一个木匠家里躲避，求木匠送他出关。木匠叫孙膑换去衣帽，躲到睡柜里，用黄表纸盖上脸，装成一个死人的样子。然后，盖上睡柜的盖子，用绳子把睡柜绑好，叫来一群小伙子，抬的抬、扛的扛，号子喧天，把孙膑抬出了关外。一路上，男女老少成群结队跟在后面看稀奇，都说这个办法比"封椁"好，以后就改用睡柜装殓死人。睡柜也慢慢改成后来的棺材。后来人们就把抬死人出门叫作出殡，送死人安葬叫送殡。

趣味链接：

为何要给死人纸钱？

纸钱，古人也称为"寓钱""冥镪""冥钱""楮币"等，是死者和鬼神专门所用的货币，在古人的丧礼上，焚化纸钱是鬼神祭祀的重要仪式。

人们认为，"阴间"跟"阳间"一样，需要衣、食、住、行，死者到了"阴间"需要用那个世界的钱币来讨生活。因此，活着的人，为了死者在"阴间"更好地生活，便在祭奠他们的同时，送给他们大量的礼物、钱币。其中的钱币就是用纸制成人间钱的样子，通过烧化送给自己在另一个世界的亲友，以备生活之用，这就是烧纸钱。人们在烧纸钱时通常还点燃爆竹，烧香，呼唤自己的亲人前来取钱，不要被别的鬼神冒领了。

这种祭祀风俗开始于汉代，盛行于唐，唐代诗人对这种风俗也有描述，张籍的一首诗中写道："风吹旷野纸钱飞，古墓累累春草绿。"到五代十国，民间烧纸钱的风俗更盛。如今，在农村城镇，这种风俗依旧存在。

刘 海

生活中人们把前额垂着齐眉的短发称作"刘海"或"刘海儿"。"刘海"一词来自真人及民间传说。

刘海，五代时人，本名刘操，字昭远，又字宗成，事燕主刘守光为相。传说他受道士正阳子的指点而出家访道。刘操出家后改名刘铉英，道号"海蟾子"。人多呼其刘海蟾，后来又称其为刘海。在民间画像中，刘海返老还童，成为一个丰满可爱的胖小子，前额垂着齐眉的短发，手提一串金钱逗弄一只三条腿的蟾蜍。人们觉得他的发式很美，妇女和儿童就模仿他梳理成这样的发式。后来妇女和儿童垂在前额的整齐的短发，称为"刘海"，也写作"刘海儿"。

还有一说，认为刘海本为"留孩"，专指小孩子所留的头发。

古时候，女孩子15岁便盘发插笄（簪子）表示成年。男孩子则于15岁时束发为髻，到20岁时再行表示成年的"冠礼"而戴冠。在未成年之前，小孩子的头发都是自然下垂的，所以人们用"垂髫""髫年"来指称童年或儿童。但男女幼童所留的头发又是有区别的：男孩留的是额上左右两角的胎发，称之为"兆"；女孩子则留垂于额头中央的胎发，叫作"髦"。这种孩童时代所留

的头发，统称为"留孩发"。而女孩子待到成年之后，有时从打扮考虑，依旧让额头的头发下垂。"时髦"之说即由此而来。

花　钱

花钱是我国古代钱币的一种，又称"压胜钱""厌胜钱"，是历史古钱宝库中的艺术之花。花钱一般都镌有吉语，并有龙凤、八卦、星斗、人物等图案，其造型千姿百态，书体纷繁，构思新奇，铸造精美，虽从不参加货币流通，却一向具有较高的收藏、欣赏价值。花钱主要用于赠赏、压邪、镇库、开炉铸钱或其他重大事件的纪念活动，是古代日常生活中以钱币形式出现的文化艺术品。

过去的老花钱

花钱的出现起于西汉，已有两千多年的历史。虽历代都有铸造，但绝大部分铸于清朝嘉庆、道光以后。目前的生肖、人物、长城图案等钱币，严格说也是花钱的延续。

商　人

古往今来，人们为什么把买卖人称作商人？原来，"商人"一词的由来，与我国商业的起源与形成有关，这其中有一段有趣的故事。

在原始社会后期，出现了以物易物的交换活动。到了夏朝，在社会上便游离出一部分专门从事交换的人。公元前一千多年，黄河下游居住着一个古老的部落，他们的祖先叫契。由于契在辅佐禹治水时有功，被封为商，这便是古代的商族。契的六世孙王亥聪明多谋很会做生意，经常率领很多奴隶，驾着牛车到黄河北岸去做买卖。一天，王亥在贩运货物途中，突然遭到狄族易氏的袭

击，易氏抢走了货物和随从的奴隶，并杀死了王亥。王亥有个儿子叫甲微，听到父亲被害的消息后，便兴兵伐易，最后终于灭了易氏，商的势力也从此扩展到易水流域。到了汤（商族后裔）时期，商族的手工业已相当发达，特别是纺织业，花色品种优于其他各族。汤为了削弱夏的国力，便组织妇女织布纺纱，换取夏的粮食和财富，把贸易作为政治斗争的武器。最后灭了夏朝的统治者夏桀，建立了商朝。商朝在农业上定居耕种，手工业也相当发达。

周朝建立后，商族人由统治者一下变成了周朝的种族奴隶。过惯了奢侈生活的商族贵族，生活每况愈下。商族人为了过上更好的日子，便纷纷重操旧业，到各处去跑买卖。久而久之，便在周族人的心目中形成了一个概念，即跑买卖的人都是商族人。后来，慢慢地"族"字也去掉了，简呼为"商人"了。这个称呼一直沿袭至今。

趣味链接：
"经理"一词的起源

"经理"在《辞海》中的解释是"企业中负责经营管理的人"，据说这个词语20世纪初译自日文。其实，在我国古书上早就有"经理"一词。《荀子》中所记载的"经理"一词，作"治理"讲。后来的古书上也一直将"经理"二字连起来用，一直发展到现在，只是意思随着时代的发展而变化了。

卧　鱼
卧鱼是京剧演员的一种基本功，也叫"卧云"。一般是女演员的表演身段。演员斜托掌式右别步站立，然后两腿缓缓蜷曲，下蹲，呈盘卧姿势。臀部着地，右腿贴于地面，然后向右拧身，以右背部贴地。左手手背贴于左腰部位，右手则伸至后脑位置枕于脑后。在地面做这个姿势片刻，然后两脚用力蹬地，站立起来，但是仍然要保持开始的姿势——斜托掌右别步站立姿势。卧鱼分别有左右两式，但是要领相同，只是动作的姿势是相反的。

趣味链接：

"水袖"和"水"有关系吗？

水袖是戏曲服装中袖口所缀一尺左右的白绸，因为甩动时形似水波纹，所以人们称作"水袖"。一般穿带有水袖衣服的都是有一定地位的人，所以用水袖动作有助于表现举重人的身份和性格特征，也可以加强舞蹈美，增加舞台表演效果。

水袖并不仅仅是显美摆酷的道具，如果只掌握水袖的技法，却没有通过身体的表现力去体现水袖那种"行云流水"的美感，水袖就仅仅成为一种技能而已，不但不能体现出舞蹈中的韵律美，反觉多余、牵强。

起 霸

"起霸"和霸王项羽没关系。"起霸"来源于明代剧作家沈彩所作的《千金记》，该剧以韩信为主线人物表现了楚汉战争的故事。"起霸"是其中的一出戏，表现的是气吞山河、不可一世的楚霸王项羽出征垓下之前，整盔束甲，检查自己上阵前的准备情况，试验自己穿上铠甲后的活动能力如何的生活场景。

韩信像（清代殿藏本）

"起霸"中具有表意成分的动作是"提甲"，在以铁器为主要武器原料的时代，这种以铁为主要原料的锁甲是专用于骑马打仗的，而"起霸"则是徒步行走，其重量可想而知，所以徒步行走必须提着甲。"抬腿"是检查自己脚部的活动能力，"跨马"则是演练上马是否便当，"理袖"是对上肢甲叶的检查，"整冠""紧甲"则是较容易理解的生活动作。装饰性的舞蹈动作有云手、按掌、托掌、运靠、抖旗等，技巧性的动作有跨腿、踢腿、控腿、翻身、涮腰等。

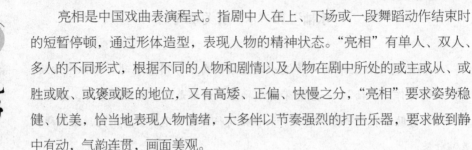
亮　相

亮相是中国戏曲表演程式。指剧中人在上、下场或一段舞蹈动作结束时的短暂停顿，通过形体造型，表现人物的精神状态。"亮相"有单人、双人、多人的不同形式，根据不同的人物和剧情以及人物在剧中所处的或主或从、或胜或败、或褒或贬的地位，又有高矮、正偏、快慢之分，"亮相"要求姿势稳健、优美，恰当地表现人物情绪，大多伴以节奏强烈的打击乐器，要求做到静中有动，气韵连贯，画面美观。

堂　会

堂会，也叫堂会戏，是从明末到1949年，活跃在北京的一种重要演剧形式，和现在的人民大会堂无关。凡是私人或临时的团体，召唤或邀请戏班子（有的是请一个戏班子，有时约几个班子的 好角儿联合演出）在商业剧场之外的地方包场唱戏（在本府、会馆、饭中），就都叫"堂会"。人们在堂会中可饮宴，而且女眷可以看戏（有时需在垂帘之后，或妇孺只在楼上），这都是在商业剧场中做不到的。

砌　末

清代的戏剧年画

"砌末"不是指砌墙，它是指戏曲舞台上大小用具和简单布景的统称，像文房四宝、灶台、马鞭、船桨，以及一桌二椅等。砌末不独立表现景，它在舞台上首要的任务是帮助演员完成动作，如用旗子舞动表现波涛汹涌。

"砌末"不是生活用具的照搬，有一部分小砌末比较写实，但在写实中还包含一定的假定性，如用烛台一般不点着；另一些砌末是通过变形、装饰，使之具有更明显的假定性，如用车旗、水旗等表现。另一方面，运用砌末来刻画人物的精神面貌上，非常强调表情姿态的鲜明、准确、传神，如挥动马鞭来表达骑马飞奔的场景等。

东道主

现在，主持某项活动的国家、组织或个人常被称为"东道主"，"东道主"一词初见于《左传·僖公三十年》："若舍郑以为东道主，行李之往来，共其乏困，君亦无所害。"意思是秦国在西，郑国在东，所以郑国对秦国来说自称"东道主"，可以随时供应秦使往来所需物品，做东路上的主人。

为什么郑国甘愿做秦国的东道主呢？原来，这里有一段真实的历史故事。

公元前 630 年 9 月，晋文公和秦穆公的联军包围了郑国之都。郑文公无奈，求教于老臣烛之武。烛之武决心利用敌人之间的矛盾分化对方，以退敌军。当夜，烛之武趁着天黑，叫人用粗绳把他从城头上吊下去，私下去会见秦穆公。

晋国和秦国之间常常明争暗斗，烛之武就利用他们的矛盾对秦穆公说："秦晋联兵攻打郑国，郑国从上到下都知道保不住了。如果郑国灭亡了，对贵国有点好处，我就不来啰唆了。但是你要知道，秦国和郑国之间隔着晋国。贵国要能越过晋国来控制郑国，恐怕很难做到，到头来得好处的是晋国。晋国的实力增加一分，就是秦国的实力削弱一分！我私下认为是这样的。"

秦穆公觉得此言有理。烛之武进一步说："要是您能把郑国留下，让它作为你们东方道路上的主人，你们使者来来往往经过郑国，万一缺什么，郑国一定供应，这有什么不好呢？我希望大王能考虑一下。"

秦穆公终于被烛之武说服了，他单方面跟郑国签订了合约。晋文公无可奈何，不得不退兵了。

明代头戴乌纱、身穿盘领袍的官员

由此，"东道主"一词便流传下来。后来，则泛指招待迎接客人的主人为东道主，请客为做东。到了近现代，"东道主"一词逐渐通用于国际交往中，特别是国际体育赛事中。

乌纱帽

"乌纱帽"也叫纱帽，其前身是古代男子裹头发用的幞头。北宋初年，有人将幞头改装成一种纱帽，皇帝对此大加称赞，因此便规定朝中官员都要戴这种纱帽，有时皇帝也会佩戴。这种纱帽两旁各有一根细长翅，由于翅有一尺多长，所以走起路来便会上下颤动。为了保护帽翅以免碰掉帽子，官员们都养成了小心翼翼走路的习惯。

直到明朝，官员们仍沿袭宋制戴纱帽，但皇帝已不再戴了。从明世宗时开始，人们将纱帽称之为"乌纱帽"，同时其双翅也做了一些变动：不但翅的长度缩短了，而且其宽窄也不相同；官阶越大，纱帽的双翅越窄，反之亦然。其形状和后世戏台上的乌纱帽基本一样。

清朝初年，顺治皇帝入关，收留了许多明代降臣，为了笼络人心，允许不少地方官员仍穿明代朝服，戴明代乌纱帽。等到清室统治得到巩固后，才下令将官员戴的乌纱帽改为红缨帽。但人们习惯使用"乌纱帽"一词，久而久之，"乌纱帽"便成为官位的代称了。

不倒翁

"不倒翁"不是指玩具，人们常以"不倒翁"一词来形容一个人在官场上左右逢源，总是立于不败之地。"不倒翁"这一称谓源于春秋时期。春秋时，楚国的卞和在荆山得到一块璞玉。此物外表上看与普通的石头没什么两样，然而里面包的却是一块难得的美玉。

卞和先后两次将此宝呈献给两位楚王，但楚王总把它看成是一块顽石，以欺君罪先后剁掉卞和的左脚和右脚。

楚文王即位后，卞和便怀抱璞玉，痛哭于荆山之下。文王得知此事，便命玉工将石削开，果然得到了一块好玉。文王下令，将此制成玉璧，命名为"和氏璧"。卞和这种坚持真理的精神，使楚文王大为感动，他称赞卞和说："此人真是个扳不倒之翁也！"

如此一来，就出现了"不倒翁"这一流传后世的称谓。

春秋晚期雕龙玉璧

狐狸精

据说"狐狸精"这个名称始于唐初。《太平广记》中《狐神》条云："唐初以来，百姓皆事狐神，当时有谚曰：'无狐魅，不成村。'""魅"字，《说文》释为"老物精也"。"狐魅"即"狐狸精"。"狐魅子"一词的出现，反映出"狐狸精"已作为一个独立的形象存在于人们的意识和民间信仰里。"狐狸精"化作人形，或到处做客吃喝，或上门求娶妻妾，它的情感、行为都是以人的模式来塑造的。唐代以后的志怪小说，如《聊斋志异》中，更是到处活跃着性格各异、人情味十足的狐狸精。

《搜神记》引道士云："狐者，先古之淫妇，其名曰阿紫。"古人把狐狸视为性情淫荡、以美貌迷惑人的精灵鬼怪，再加上狐狸成精的传说和志怪小说中对众多民间妖艳、多情的狐狸精的描述，于是人们在俗语中便把性感而具有诱惑力的不良女性称为"狐狸精"，"狐狸精"就成了女人轻浮、淫荡的代名词。

老人家

在现代汉语中，"老人家"一词常用来称呼老年人和长辈。实际上，"老人家"一词源于伊斯兰教语言，是舶来品。

据《宗教词典》记载："老人家"一词，是阿拉伯文"穆尔西德"一词的意译。"穆尔西德"一词源于"道路"（指修炼过程），意思是"引路的人"，指伊斯兰的宗教导师，负责接受和指导新教徒的人。

元朝时期，伊斯兰教随着部分中亚细亚人、波斯人和阿拉伯人的迁移传入中国，并发生了语言上的融合。从此，"穆尔西德"便被译为"老人家"，出现在元代及以后的汉语词汇中，并一直沿用至今。

打牙祭

"打牙祭"就是吃肉，含义极其简单，但相关内容及其所折射出来的历史的影子却是颇耐人咀嚼的。

吃肉为什么叫"打牙祭"呢？首先得从"祭"字讲起。祭，就是祭奠、祭祀。过去人们在逢年过节时总要特别想法子弄点好吃的。那时候，所谓好吃的，最高境界就是吃点猪肉。有好吃的首先当然要记住祖先，要先献给祖先——祭祀。由于祭祀只是个仪式，所以只切一小块猪肉，放在神龛面前，点上冥币、蜡烛表示表示而已。祭了祖先之后便将这一小坨肉切细"祭"自己的牙齿，于是便有了"打牙祭"之说。"打牙祭"还有一层意思，切一小坨肉祭祀这种仪式，一年之中也就那么几回；而那时能吃上点儿肉的机会也就那么几回，所以凡有机会吃肉，统统被戏称为"打牙祭"。

孔方兄

最早称钱为"孔方兄"的是晋朝的鲁褒。惠帝元康（291—299 年）年间，纲纪大坏，世风日下。惠帝昏聩无知，朝纲旁落，政出多门，依法贿赂成风，很多人都贪得无厌。"竹林七贤"中的王戎，积累的钱无法计算，经常手持算具，昼夜计算，仍觉不够。他的弟弟王衍之妻郭氏，也是聚敛无厌的人，曾用钱来环绕床沿。驸马王济用铜钱做院墙，围成跑马射箭场，当时的人称之为"金埒"。太子少傅和峤，以"钱癖"著称。"唯

清代的铜钱

钱是求"成为当时的社会风气。鲁褒是晋时一个名士，他在文章中写道："钱之为体，有乾坤之象，内则其方，外则其圆……亲之如兄，字曰孔方。"当时他对朝廷达官贵人搜刮民财、巧取豪夺的行为十分痛恨，便写了《钱神论》一文来嘲讽、挖苦他们。他说"失之则贫弱，得之则富昌。无翼而飞，无足而走，解严毅之颜，开难发之口。钱多者处前，钱少者居后"，"危可使安，死可使活，贵可使贱，生可使杀"，等等，深刻地揭露了当时"钱无耳，可使鬼"的丑恶现象。还戏称自己对金钱"亲之如兄，字曰孔方，失之则贫弱，得之则富昌"。

在晋代那个盛行玄谈、讲究风度的年代，"孔方""方兄"或"孔方兄"作为钱的代称迅速流行起来，因为人们觉得用"孔方兄"来代指钱币，不但符合它自身的形状，而且完全消除了言及"钱"时的庸俗气，使得人们觉得说话者知识渊博、气质脱俗。时至今日，尽管铜钱已经成为古物，但是仍旧有人用"孔方兄"来称呼钱，体现了一种豁达和幽默。

趣味链接：

铜钱为何有方孔？

古代使用铜钱，不论大小，当中都有一个四方形的孔眼。钱上为何有方孔？难道仅仅是为了"串钱"的方便而制造的吗？不是。铜钱造成这种形状，主要是由当时制造铜钱的方法决定的。

最开始是熔铜铸钱，为此铜钱的轮廓总不整齐。为了使铜钱的周边齐整，必须用锉刀修锉。但是一枚铜钱一枚铜钱地修锉，是很费工的，所以就在铜钱的当中开一个孔，将一百来个铜钱穿在一根棍子上，一次锉成。但是如果当中的孔是圆的，铜钱就会来回转动，不好锉。因此，工匠们就把当中的孔做成方形的，穿进一根方棍进行修锉，这样铜钱就不会转动了。这就是古代铜钱当中开方孔的来历。

跑龙套

龙套是传统戏曲中扮演兵卒、夫役等群众性的角色，由于演员服装均是各色的龙套衣而得名。根据不同戏剧的需要，龙套有各种不同的排场以及队形变化形式，通常以四人为一组，分为头、二、三、四家（或头、二、三、四旗），以头家为带头人。他们在双方交战时，只摇旗呐喊起烘托声势的作用。在舞台表演上，龙套经常跟着主帅跑上跑下，在台上有规则地做着各种的队形、舞台部位的变换，甚至舞台气氛、环境变化，都要靠龙套"跑"出来，故而也叫"跑龙套"。龙套的表演除了"跑"就是静立了，着重走阵式、摆队形或站门助威。

龙套在旧戏班里不被人重视，但在舞台演出中却是不可缺少的部分，官吏升堂需要衙役、将帅出征需要兵士、寨主坐寨有喽罗，这些衙役、兵士、喽罗都是戏曲舞台上不可少的角色。

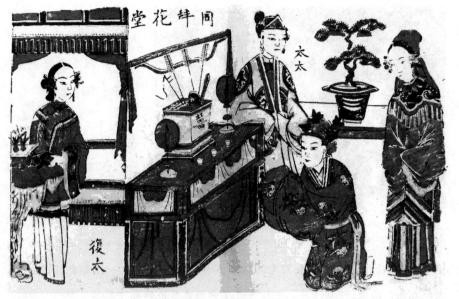

清代的戏剧年画

鬼门道

鬼门道是指戏台上的上、下场门。

元代王实甫《西厢记》第二本楔子：洁朝鬼门道叫科："请将军打话！"姚燮在《今乐考证·缘起·鬼门》引元代柯九思《论曲》："构肆中戏房出入之所，谓之'鬼门道'。言其所扮者皆已往昔人，出入于此，故云'鬼门'。愚俗无知，以置鼓于门，改为'鼓门道'，后又讹而为'古'，皆非也。苏东坡有诗云：'搬演古人事，出入鬼门道。'"

趣味链接：

鬼门关

鬼门关是迷信传说中阴阳交界的关口，用来比喻凶险的地方。其实在现实中鬼门关是存在的，它位于现在的广西北流县（今北流市）西，介于北流，玉林两县之间。古代为交通冲要，瘴疠多，人们很难活着走过去。谚云："鬼门关，十人去，九不还。"故名"鬼门关"。

民国戏剧明信片

唐代之前，"鬼门关"有过多种称呼。《旧唐书》和《舆地纪胜》等都说鬼门关原称"桂门关"，"鬼门关"这个称谓是唐代之后才形成的，唐朝宰相李德裕的《贬崖州》："崖州在何处，生渡鬼门关。"鬼门关以南，路途险恶、荒凉，"瘴疠"病多发，人们生活艰难，再加上官员被贬一般都要经过这里，十死九生，后来，"鬼门关"之称盖过了它原来其他的称呼流传至今。

压轴戏

人们常把文艺晚会的最后一个好节目或各项体育运动的决赛称为"压轴戏"，这实为一种误解。

戏剧界称最后一出戏曲为"大轴戏"，而紧挨大轴的戏才称为"压轴戏"，也叫"贴轴""倒二"，是指倒数第二出戏，其名意为"紧挨大轴"。

在中华人民共和国成立之前的戏剧社演出中，尤其是大义务戏中，往往是名家云集，同台献艺，多以折子戏组台演出。剧目少则五出戏，多则七出、九出、十一出戏不等。以七出戏为例，第一出戏叫"开场戏"，或称"开锣戏"。往下依次是"第二出戏""第三出戏"，第四出戏叫"中轴"，第五出戏叫"贴轴"，第六出戏为"压轴"或称"倒二"，最后一出戏叫"大轴戏"，或叫"轴子戏""压台戏"。"轴"字的读音戏剧界统读去声（四声），不读阳平（二声）。"压轴戏"多为戏班头牌演员或名角演出唱做兼重的文戏。有人认为"压轴戏"是"压台戏"和"大轴戏"的同义语，这是理解上的错误。

趣味链接：

旧时戏业有哪些禁忌？

旧戏班里，不但要敬祖师爷，对神、对人、对动物要烧香祭奠，对把子、砌末也要烧香磕头。演什么戏要对什么道具顶礼膜拜，否则，台上会出事。舞台上使用的兵器，如鞭、杵、刀、棍、枪等都禁忌随便乱动，上场前都要给这些兵器行礼，名曰"祭刀""祭叉""祭砌末"等，否则，台上要出事故。不遵从这些禁忌的人就不能吃唱戏这碗饭，要受到责罚。

旧时，新建的戏楼、戏院、会馆、庙台等，首场演出的戏班，都要举行"破台"的祭礼。如果演戏时出了大事故，死了人，也要破台。戏业人称台口朝南、朝东的戏台为"阳台"，朝北的为"阴台"，朝西的为"白虎台"。俗说："要想发大财，最忌白虎台。"所以，凡是台口朝西的"白虎台"，都必须"破台"，然后才能演出。否则，戏班内会出现吵嘴、打架的事；或者演文戏出错，演武戏伤人；甚至使戏演不下去，以后也无人来邀班演戏。

破台的形式，各有不同。一般的是在夜间让一有武功的演员扮演灵官，在舞台上追赶一由旦角扮演的"女鬼"，把"女鬼"赶跑。杀一只公鸡，把鸡血酒在戏台四周，然后放鞭炮，敲锣打鼓一通，就算破台了。破台之前禁忌在前台点灯。后台的小油灯，化完妆后也得吹灭。"破台"时忌外人偷看，忌说话。演员嘴里叼个朱砂包，据说可以辟邪，免得引鬼上身。这一习俗，如今已被革除。

五魁首

现在人们喝酒时喜欢行酒令，"哥俩好""四季财""五魁首""八匹马"，等等，其中的"五魁首"与明朝的科举制度有关。"五魁首"是"五经魁首"的简称。"五魁首"者，系指古人苦读《诗》《书》《易》《礼》《春秋》五种经籍著作，以求功名，夺得魁首。明代科举考试，以儒家五经（《诗》《书》《礼》《易》《春秋》）取士，每经的第一名叫"经魁"；每科前5名，必然分别是每一经的第一名（经魁），俗称"五魁"。魁，即"首"的意思，比如一个会党的领袖，叫党魁。

科举四宴

为了笼络天下士人通过科举考试踏上仕途，为统治者效劳，古代科举制度还组织顺利通过科举考试的士子参加由官方、朝廷主办的盛大庆祝宴会，以示恩典，这就是我国古代著名的科举四宴。科举四宴中的鹿鸣宴、琼林宴是一种文科宴，会武宴、鹰扬宴为武林宴。

鹿鸣宴，兴起于唐，是为新科中举的举人——称为"举子"，而设的宴席。在省城举办的乡试以后，由州、县长主持宴请中举的士子，因为宴会上要唱《诗经·小雅》中的"鹿鸣"之诗："悠悠鹿鸣……"而取名为"鹿鸣宴"，有祝贺之意。

琼林宴，是为新科进士举行的宴会，由礼部主持，起于宋代。"琼林"原为宋代名苑，在汴京（今开封）城西，宋徽宗政和二年（1112年）以前，在琼林苑宴请新及第的进士，因此，相沿通称为"琼林宴"。

鹰扬宴，是武科乡试放榜后考官及考中武举者共同参加的宴会。其名源于《诗经·大雅·大明》："程师尚文，时维鹰扬。"所谓"鹰扬"，是取威武如鹰之飞扬的意思。

会武宴，是武科在皇宫殿试放榜后在兵部举行的宴会。规模排场浩大，群英聚会，盛况空前。

梨园弟子

人们习惯把戏班子、剧团称为"梨园"，把戏曲演员称为"梨园弟子"，把几代人从事戏曲表演的家庭称为"梨园世家"，把戏剧界称为"梨园界"，等等。梨园，原是唐代都城长安的一个地名，就好像现在北京也有叫梨园的地方一样。当时内廷里有一所园子，因为里面种了很多梨树，因而得名。

《新唐书·礼乐志》上有这样一段记载：唐玄宗李隆基多才多艺，精通音律。他宠爱的杨玉环不仅貌美如花，而且能歌善舞。为了满足自己的爱好及享乐的需要，唐玄宗选了数百名乐工和宫女聚于梨园教她们学习音乐歌舞，唐玄宗亲自担任指挥，谁要是弹错或唱错了，他马上就会听出并加以纠正。唐玄宗还善于打羯鼓，常常亲自为乐队击鼓。一次梨园排戏，唐玄宗看得兴起，也换戏衣，参加表演。在唐玄宗的参与下，歌

民国时期京剧老照片

舞戏剧排演得很成功。唐玄宗可谓集演员、作曲、指挥、导演于一身的文艺全才。

趣味链接：
戏业为何信奉唐明皇为祖师爷？

俗话说："拜过唐明皇，演戏胆就壮，心里勿会慌。"拜时，还要弄点香灰放在酒碗里喝下去。说是喝了之后，记性会好，嗓子不会哑。出入家门、上下场都要向祖师神揖拜敬礼。否则，"上台不拜老郎神，装什么不像什么"。信奉唐明皇为祖师爷的戏班，传说唐明皇李隆基曾经扮演过小丑（小花脸）的角色，所以至今演小丑的演员有许多"特权"，如别人不能坐的地方，他可以坐，别人不能说的话，他可以说，等等。又传说唐明皇是打鼓佬，所以打鼓佬坐的位置叫作"九龙口"。至今"九龙口"的位置也只有鼓师才能坐得，其余的人一概不许乱坐。这些也是祖师敬祀的一种习俗反映。

旧时戏班里还敬奉"五仙门"，戏班子里的一切人员忌讳触犯"五大门"——狐狸、黄鼠狼、刺猬、蛇、老鼠。凡是进后台的人员，谁也不准说"五大家"的原名，只能称胡三爷、黄少爷、白五爷、柳七爷、灰八爷。一般也根本不许正眼看它们，否则戏台就不得安宁，表演难以进行。

半老徐娘

人们常以"半老徐娘"来称呼年老而尚有风韵的妇女，也作"徐娘半老"，和徐姓女子无关，有时也常被用于形容不再有年龄优势的风尘女子。

《南史·后妃传下·梁元帝徐妃》

民国时的象牙雕仕女像

里记载，南北朝时梁元帝有位爱妃名叫徐昭佩，她本来确实美丽动人，但是任何人也无法抗拒随年龄增长而逐渐衰老的自然规律。徐昭佩妙龄一过，姿色大不如前，无法与年轻丽人竞争。为了争得宠幸，便着意打扮，浓施粉黛，将自己弄得不仅不美，而且给人过于风骚、很不得体的印象。因此，便出现了"徐娘半老，犹尚多情"这个成语。现在若有女人自我谦虚说自己"年过韶华，徐娘半老"，她只是自言亭亭玉立之年已过、年轻貌美不似当初，应无贬义。

炎黄子孙

中华民族历史的形成不仅有近四千年文字记载的历史，而且还有着大量的神话传说。"炎黄子孙"一词就是从传说中得来的。

在有关的传说故事中，本领最大、发明最多的人是黄帝。传说他发明了车、船、锅、镜子，制造了弩。又传说黄帝让仓颉创造文字，伶伦制作乐律，大挠制定甲子，岐伯写了医书。

据说，黄帝族和炎帝族最早居住在陕西。黄帝族最后定居在河北涿鹿附近。炎帝族最后到达今山东地区。蚩尤是九黎族的首领，活动地区主要在今山东、河南和安徽一带。相

邮票中的龙形象。炎黄子孙以龙为图腾

传炎帝族和九黎族为了争夺黄河流域一块肥沃的土地，发生了一次战争。炎帝族战败，向黄帝族求援。黄、炎两族联合打败了蚩尤。九黎族一部分留在北方和黄、炎两族合并。

根据以上的神话传说可以看到，黄帝族、炎帝族和九黎族三个部落，逐步以黄帝族为主，相互融合，形成了中华民族的主体——华夏族（汉族的前身）。后来，随着华夏族即汉族活动范围不断扩大，中华民族的凝聚力不断增强，炎帝和黄帝就被奉为我国多民族国家的共同祖先，中华民族也被称为"炎黄子孙"。

东西与南北

"东"和"西"原本表示方向，是怎么成为商品物质的俗称的呢？

关于"东西"这一词的由来，有这样一个故事：相传，宋代有一位理学家名叫朱熹，他好学多问，爱钻"牛角尖"。有一天，朱熹偶然遇见了精通天文地理的好友盛温和。朱熹笑问盛温和："你提着竹篮子干什么去呀？"盛温和见

朱熹画像

是朱熹,一心想和他开个玩笑,便诙谐地眨着小眼睛说:"我呀,是上街去买'东西'的。"朱熹想来想去不明白他说的是什么意思,于是又问:"'东西'怎么个买法?什么价?买'东西'?那为何不买南北呢?"盛温和听了不觉失声笑道:"你呀,真是聪明一世,糊涂一时。我问你,与金木水火土相配,统称为五行的是什么?"

朱熹这才恍然大悟,自言自语说:"哦,哦……金木水火土,东西南北中,东方属木,四方属金,金水之类的物品,篮子里都能容纳得下,而南方属火,北方属水,这水火类放进篮子不连篮子都被烧掉?"说罢朱熹高兴地指着盛温和的脑袋说:"哎呀,原来你的脑瓜子是转弯的!"两个人都乐得哈哈大笑起来。

后来,这个有趣的小故事在民间广泛流传,天长日久,"东西"逐渐被作为物品的代名词了。

趣味链接:

为何"败北"不"败南"?

两军打仗,输了的一方称"败北";运动场上比赛,负方也是"败北",是否失败者都向北方逃走呢?当然不是。看中国历史上的大战役,逃跑的方向有很多是向南的,但是总没有说"败南"的。

可知这"败北"之"北",并不等于东南西北方位的北。优胜劣败,与方位无关。

"北"字(小篆)很像两个人背靠背之形,一个向左,一个向右,这个

"北"字即古之"背"字，"背"字是后人为它加上"月"旁而成的。北即为背，"败北"就可以理解了。当两军相接时，是正面相向的，激战之后，败方撤退，转身逃跑，就成了背向敌方，这就是"败北"了。胜方朝着败军背后衔尾穷追，这就是"追亡逐北"，逐其背也。北即背，"败北"就是背敌而逃，逃的方向不管是东、是南、是西，都叫"败北"。

开门七件事

古人所谓"开门七件事"指的是柴、米、油、盐、酱、醋、茶七件日用生活必需品。开门七件事之说，一般认为始于宋朝。对当时的人来，开门七件事乃是新事物。米（即稻）在宋朝是主要粮食。酱在宋朝才明确地指酱油。在宋朝以前的醋，仍不是生活必需品。茶在唐朝以至北宋，乃是奢侈品，而且不常见。至于油，指由芝麻或大麻榨成的油，因南宋时期手工业和商业的发展而普及。

明代唐伯虎写过一首题为《除夕口占》的七绝，诗中描写了他因家境贫困，以至于在热闹的除夕夜也清闲得无事可做、只好跑到寺院里去观赏梅花的情景，字里行间充溢着自我解嘲、自得其乐的幽默和风趣：柴米油盐酱醋茶，般般都在别人家。岁暮清闲无一事，竹量寺里看梅花。

据清人查为仁《莲坡诗话》和袁枚《随园诗话》等书记载，清代诗人张璨有一首《无题》诗：书画琴棋诗酒花，当年件件不离它；而今七字都变更，柴米油盐酱醋茶。

在这首诗中，诗人将自己当年家境富裕时

民国时期的花卉茶壶

钟情的"书画琴棋诗酒花"七件事和现在整天要操持的"柴米油盐酱醋茶"七件事相对比，活灵活现地刻画出生活的前后变化。

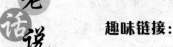

趣味链接：

古代也是"一日三餐"吗？

据古籍记载，秦朝以前人们一天只吃两顿饭，并且有严格的时间规定，如不守时吃饭或一天吃两顿以上的饭，则被视为失礼行为。汉朝以后，才开始盛行一日三餐或四餐。到唐朝时，早饭已被称为早点。午饭，也称中饭，吃午饭叫"过中"。

古时人们一日两餐，表示一种时间的分段概念，吃过早饭，表示一天开始，吃过晚饭表示一天时间已完。现在人们的一日三餐，也常用以表示对时间的分段。

茶博士、酒博士

唐宋时，把专门精通某一种职业的人称为"博士"，如医学博士、算学博士、书学博士、律学博士等。故隋唐以前，博士都必须是学问渊博，或精通一门的学者才能胜任，虽然官位不高，但其社会地位比较高。

但宋朝以后，博士的名位日渐下滑，对服务性行业的服务人员也称为"博士"。如卖酒的人或酒家的侍者，称为"酒博士"；而会做面食的厨师，则被称为"磨博士"；对茶馆的主人或伙计就称呼为"茶博士"，这里的茶博士原是指会煎茶、精通茶艺之人。

五代之后，在封建制度下为官者，不只收受贿赂，还不惜出卖官爵来敛取财物，致使官衔浮滥，以官名称呼人也日渐形成风气。而民间常习惯称呼人以低就高，并加上虚衔来表示尊敬抬举，以取悦对方。久而久之，拥有专精技艺的博士头衔，便被民间专干一门活的贩夫走卒所占用了。

趣味链接：

"博士"的由来

"博士"一词起源于战国时代。《史记·循吏列传》记载："公议休者，鲁博士也，以高弟为鲁相。"古代博士是一种官职，是博古通今、知识渊博的人。古代的博士大体有三种职责：一是侍奉朝廷，备皇帝顾问，参与朝政；二是负责保管朝廷的文献档案，从事编撰著述；三是传授学问，培养人才。如今的博士是我国现行的第三级学位。

第四章　词语由来，正本溯源有出处

中华词语是我国文化遗产中极其珍贵的瑰宝，在民谚俗语中，多用于书面语，也可以用于口语。中华词语经过几千年的历史沉淀，已凝结汇聚成脍炙人口的传世经典。中华词语大多来自古代经典、历史故事和人们的口头故事。词语的意思精辟，有比喻、隐喻、指代、夸张等效用。词语结构紧密，一般不能任意变动词序，抽换或增减其中的成分。其形式以四字居多，也有一些三字和多字的。四字多叫成语，当然，也有三字成语、多字成语。

中华词语饱含着历代贤达的思想、智慧，滋养着我们一代又一代人的语言文字和精神世界，它们是如何来的？起源于哪里？本节力争将一些大众常见的词语典故，正本溯源，阐明来龙去脉。

红　尘

常有人说"看破红尘"，这个"红尘"指的是人间俗世。不过，它最早的解释并非指人世间，而是说繁华闹市的飞尘，借以形容都市之繁华。

班固在他的《西都赋》中有诗句说："阗城溢郭，旁流百尘，红尘四合，烟云相连。"大意是讲热闹喧嚣的地方扬起的尘土（红尘）从四方合拢，充满了全城，流向百家，尘土与烟云都连在一起了。足见古代的"红尘"是形容都市热闹非凡及其繁荣盛况的。

"红尘"从上述形容热闹繁华，再演变即成了"繁闹的尘市"的意思，出现了"人世间"的讲解了。这个解释最早被佛家使用，佛经中多处出现指凡俗尘世的"红尘"一词。

斗　胆

人们用"斗胆"形容胆量很大。此语出自《三国志·蜀书·姜维传》。

姜维（202—264年），字伯约，三国蜀汉天水人。诸葛亮死后，姜维统率西蜀军多次讨伐魏国，都不能取得胜利。公元263年（魏元帝景元四年），魏军大举攻蜀，姜维放弃阴平而退守剑阁，抗击魏将钟会，钟会劝姜维投降，姜维不肯答应。但是，蜀后主刘禅已经宣布投降，姜维不得已，也投降了钟会。

钟会对姜维十分友善，二人出则同车，坐则同席，钟会经常在别人面前夸奖姜维。后来，钟会暗地里谋划背叛魏国，姜维认为复兴蜀汉的机会到了，便假意替钟会出主意。不料，事情败露，魏军将士十分愤怒，杀死了钟会、姜维以及姜维的妻子、儿女。

姜维死后，魏兵剖开他的肚子，只见他的胆长得形如斗状，有鸡卵那样大。后人以"斗胆"来形容胆大的人。

借　光

人们把凡事请求别人提供某种帮助和从别人那里分享某种荣誉称作"借光"。"借光"这个词由来已久。

据《战国策·秦策》记载，战国时秦国将军甘茂曾对齐国使者苏代讲过这样一个故事：在一条江边，住着很多人家，每晚，姑娘们都凑到一起做针线活。其中有一位姑娘家境贫寒，买不起灯烛，其余的姑娘嫌弃她，说她爱占小便宜，拒绝和她一起做针线。

这位姑娘说："我虽然买不起灯烛，但是我每晚都比别人先来，把屋子打扫干净，把座席铺设整齐，让大家一来就能舒适地做活，这对你们多少也有些方便。你们的灯反正是要点的，借给我一点光又有什么损失呢？"姑娘们觉得她的话很有道理，便把她留下了。

这就是"借光"一词的来历。

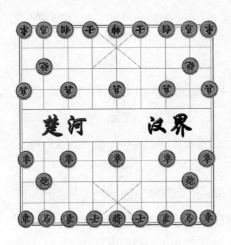

象棋棋盘中的楚河汉界指代鸿沟

鸿 沟

鸿沟本为我国战国时期挖掘的一条古运河，在今河南省境内。

据《史记》载：公元前203年，双方军队相峙于荥阳，当时，汉王粮食多，项王已断粮，但刘邦家人被项羽俘获。汉王遣陆贾说项王，要求和解以回家，项王不听。汉王复使侯公往说项王，项王答应汉王给出条件：二分天下，划鸿沟以西者为汉，鸿沟以东者为楚。项王许之，即归汉王父母妻子，军皆呼万岁。

自此，"鸿沟"一词广泛见于史籍。由于楚汉之争故事广泛流传，"鸿沟"一词如今已成为一个广泛的日常用词。象棋棋盘中的楚河汉界实际上就是指代"鸿沟"。

现在，人们常用"鸿沟"比喻距离之大或分割明显的界限，比如："这段不美满的婚姻，好像一条无形的鸿沟，谁也无法填平，弥合感情。"

捉 刀

"捉刀"不是指武术对打，"捉刀"是指请人代笔作文，也可指代人做事。语出《世说新语·容止》。

三国时，曹操手下有一个名叫崔琰的武官，仪表堂堂。胸前的长须飘飘洒洒，更显得威武不凡。曹操常以为自己的相貌远不如他。

有一次，匈奴派来的使者要见曹操。为了让外国使者见而生畏，曹操就叫崔琰冒充他代为接见。接见时，崔琰穿戴了魏王的衣帽，比平时更有精神。曹操自己却佩着刀，毕恭毕敬地站在崔琰的座位旁，装作侍卫的样子，从旁边观察匈奴使者的态度。

接见过后，曹操还想知道匈奴使者的反应，便派人去暗暗打听："你看我们的魏王怎么样？"使者说："魏王固然仪表出众，可是那个座旁捉刀人，看来倒真是一位了不起的英雄哩！"

这个故事后来演变为称代人作文为"捉刀"。例如请人代写文章，就叫"请人捉刀"；替人作文的人，就叫"捉刀人"。现在流行的把替考人叫"枪手"，把请人代考叫作"请枪手"，与"捉刀"是一个意思。

染 指

"染指"的语意，出自一个典故。

《左传·宣公四年》载：春秋时代，有一次，楚国人送给郑灵公一只大甲鱼。厨子们一番忙碌，七手八脚把它杀了，切块，准备炖汤。

公子宋和子家一道来进见郑灵公。公子宋的右手食指忽然颤动起来，非常神奇、有趣，他举起手来让子家看，说："这是一个预兆，以往这个样子，必定尝到新奇的美味。"

说着，两人就进了王宫，经过厨房的时候，看到厨子正在将甲鱼切成块儿，于是相互望着，发出会心的微笑。

郑灵公不知他们葫芦里卖的什么药，便问他们为什么发笑，子家就把公子宋的食指发颤是要尝美味的预兆一事如实告诉了他。

等到甲鱼炖熟了，郑灵公请大夫们都来尝鲜。公子宋也来了，郑灵公却偏不给他吃。公子宋愤怒至极，就把指头伸进炖甲鱼的鼎锅，蘸了一点汤水，尝了尝味道就退出来了。

郑灵公见公子宋这个态度，顿时怒气冲冲，宣布要杀掉他。公子宋也气愤，就和子家商量来个先下手为强。子家原本胆怯，不得已和公子宋一道，就在那年夏天把郑灵公杀了。

后来，人们把占取非所应得的利益叫作"染指"。唐代皮日休《酒中十咏·酒床》有诗云："开眉须压后，染指偷尝处。"

抬　杠

"抬杠"的意思是两个人争论不休，各持己见，谁也不肯服输。其实，"抬杠"的本义跟争论没有关系，而是跟游艺有关系。

过去，我国民间过春节、闹元宵常常会有形形色色的花会，其中有一个奇特的"抬杠会"。有些地方也叫"撞官会""甩会""太平颤"等。其道具非常简单：由众人抬着一个巨大的杠杆，杠杆翘起的一端安着一把椅子。一个身穿红袍、头戴纱翅帽的丑官就端坐在那把高高的椅子上。这个丑官没有固定的台词，他的任务是即兴回答观众提出的各种稀奇古怪的问题，以致互相争辩、拌嘴，常常逗得人们哄堂大笑。这样，久而久之，人们就把类似这样的对话称为"抬杠"，类似于现在的脱口秀节目。

抬杠不是什么人都能干的，这活儿需要水平。绝对不能把抬杠和吵架混为一谈，抬杠是有它的逻辑性的，而非吵架那样胡搅蛮缠。所以，好抬杠的人一定是一个勤于思考的人，他有一种对问题不追究到底不罢休的精神。

趣味链接：

老北京的"抬杠"业

中华人民共和国成立前，北京城里有开"棚铺"者，生意兴隆。有钱人凡有红白喜事，必请"棚铺"来家搭制席棚、扎彩牌楼。在"棚铺"里，搭棚扎彩的是专职技术人员，而"抬杠"的人，大部分都是临时雇来的贫苦市民。"杠头"事先叮咛，没有命令，谁也不能"撂肩"。"抬杠"本是美差，不但有美餐还有小费，所以"抬杠"的人个个坚守岗位。"抬杠"一词就源于此处。后来，老北京人就把争论不休的行为称为"抬杠"。而"抬死杠""死抬杠"的拌嘴人，的确谁也不肯放弃自己的岗位。现在，北京城里早就没有"棚铺"这个行业了，但仍不乏"抬杠"的人。

戴高帽

"戴高帽"一词源于唐代李延寿著《北史·熊安生传》中的一个故事。

北齐有一个叫宗道晖的人，平时喜欢戴一顶很高的帽子，脚穿一双很大的木屐。每当有上级官员到来，他都以这身打扮去谒见。见到官员时，他又总是向上仰着头，举着双手，然后跪拜，一直把头叩到木屐上，极尽阿谀奉承之能事。后来，人们把这种做法叫"戴高帽"，"戴高帽"一词也就诞生了。

现在，人们常把妄自尊大、喜欢别人夸赞自己的行为叫作"好戴高帽"；而把吹捧别人、恭维别人的行为叫作"给别人戴高帽"。

眼中钉

此语出自《新五代史·赵在礼传》："在礼在宋州，人尤苦之。已而罢去，宋人喜而相谓曰：'眼中拔钉，岂不乐哉？'"

人们常用"眼中钉"一词来形容极为仇视的人。提起这个词，还有一段有趣的历史故事呢！

后唐时期唐明宗在位时，有个叫赵在礼的人，他是宋州的节度使，掌握着地方的军政大权。因他官高权大又是皇亲国戚，便无法无天，欺压百姓，搜刮民财，不可一世。宋州的人民吃尽了苦头，对他恨之入骨。

在宋州，他做官做够了，就贿赂上司，希望调到富裕的永兴做官。宋州的老百姓听到这个消息后非常高兴，互相庆贺说："赵在礼走了，这真是咱们百姓的福气，好像拔掉了眼中的一根钉子！"不料，这话传到赵在礼的耳朵里，气得他暴跳如雷，立即修书一封上奏皇帝，请求继续留在宋州。皇帝还以为他深得民心，百姓挽留他呢，所以就答应了他的请求。这一下，宋州的老百姓却遭了殃。赵在礼下令，让宋州的老百姓每人交一千大钱，作为"拔钉钱"，不然就要押到官府去坐大牢。宋州的百姓只好忍受赵在礼的颐指气使，心里却时刻在憎恨着这个"眼中钉"。

卖关子

"卖关子"一语出自《新唐书·李逢吉传》，原指收受贿卖关系，现在泛指设置悬念或故弄玄虚的那一套手法。

唐朝时，有个叫李逢吉的人，仗着自己是皇亲国戚，卖官鬻爵，拉关系"开后门"，无所不为。在他手下，纠集了张又新、李仲言、李续子、李虞、刘栖楚、姜洽、张权舆、程者范等一班奸佞之臣，在这八人之下，又聚集着一批奉承角色，计有十六人之多。这班人趋炎附势，欺压百姓，无恶不作。一般官员进京，有事欲见李逢吉，还须先得过了这班人关口。而想过他们的关口，还非得先行贿赂不可，故朝廷上一些正直的官员以及老百姓对他们侧目，称他们为李逢吉门下的"八关十六子"。后来，这班奸佞索性将求什么事该送多少财礼定出价码来了。欲见李逢吉，先来卖关子，关子买得通，事便办得成。于是，"卖关子"一语便流传开来。

到了近代，在吴语中使用的"卖关子"一词已不是这样的内容了。它比较多的是用在如下场合：一是指小说戏曲中设置的扣子，即有意布置的悬念，这方面最典型的要数评弹艺人的"卖关子"；另一个是指欲言又止故弄玄虚的"秘密"，弄得对方急不可耐，这在上海人来说，也叫"卖关子"。

下马威

"下马威"语出《汉书·叙传》，指新官上任，装腔作势地显示威风。

西汉有个叫班伯的少年，家世显贵，常出入宫中，很受皇帝的信任。当时，定襄石、李两家大姓对抗朝廷，捕杀地方官吏，弄得定襄一带人心惶惶。班伯正准备出使北方的匈奴，听到此事，主动向皇上请求去定襄做太守。

定襄的豪绅大姓听说来了一位年少气盛的新太守，料定他上任初期要雷厉风行，大抓大杀，显示一下威风，因此，他们把犯了罪的人藏起来，然后静静地观看。

班伯首先请来了当地的豪绅大姓，对他们客气地说："在座的都是父兄师父，今后有什么事，还需要大家鼎力支持。班伯一人治理不好定襄，也不打算在定襄待得太久。定襄是在座诸位的，要治理好也是诸位的事。我这次来，只同大家交个朋友。"说完，班伯对年长的行了儿孙礼。从这以后，班伯果然不问定襄的事，日日广交朋友。久而久之，他结交了不少人，逐渐了解到那些犯法的人藏匿的地点。

于是，班伯召集官吏，分头捕获，不到十天，大获全胜。郡中震动，定襄很快恢复了秩序。

破天荒

此语出自宋代孙光宪的《北梦琐言》卷四："唐荆州衣冠薮泽，每岁解送举人，多不成名，号曰'天荒解'。刘蜕舍人以荆解及第，号为'破天荒'。"

我国古代科举制度，其过程是逐级选拔人才，凡是考进士的人，都由地方选送本地区成绩最好的人入京赴试。唐朝时，荆南地区派人参加京城会试（中央一级的科举考试），四五十年竟没有一个考中。于是，人们称荆南地区为"天荒"，把那里遣送的考生称作"天荒解"。

天荒，本指混沌未开的原始状态，如盘古开天地。这里的天荒是指荒而落后的地区。把荆南地区称作"天荒"，是讥笑那里几十年没能有一个人上榜

一月廿二日眉陽蘇軾書

公之大略云元豐四年十

復太息以想見

公之詩廿五篇以示軾三

公云孫師仲錄

寶藏況其文章乎

理言遺事皆當記錄

公者漸不復見得其

略盡能稱誦

尊之爾來前輩凋喪

識一時名卿勝士多推

軾不及見其人然少時兩

故三司副使吏部陳公

苏轼《跋吏部陈公诗帖》，台北故宫博物院藏

题名。

唐宣宗大中四年，荆南应试的考生中终于有个叫刘蜕的考中了，总算破了"天荒"。当时，魏国公崔弦镇守荆南一代，得知刘蜕考中进士，便写信表示祝贺，并赠他一笔"破天荒"钱。刘蜕不肯接受崔弦所赠之钱，在给崔弦的回信中，他写道："五十年来，自是人废；一千里外，岂曰天荒。"

宋代苏轼有诗道："沧海何曾断地狱，宋崖从此破天荒。"含有突然得志扬名的意思。这个陈旧的意思，后来逐渐被摒弃了。现在，"破天荒"一词用于形容创举或头一次出现的新鲜事。

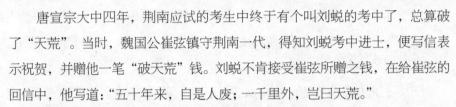

名落孙山

"名落孙山"和山无关，而是和一个人有关。此语出自宋·范公偁《过庭录》，这里面有个故事呢！

宋朝有一个名叫孙山的才子，他为人不但幽默，而且很善于说笑话，所以附近的人就给他取了一个"滑稽才子"的绰号。有一次，他和一个同乡的儿子一同到京城参加举人的考试。放榜的时候，孙山的名字虽然被列在榜文的倒数第一名，但仍然是榜上有名，而和他一起去的那位同乡的儿子却没有考上。不久，孙山先回到家里，同乡便来问他儿子有没有考取。孙山既不好意思直说，又不便隐瞒，于是，就随口念出两句不成诗的诗句来："解名尽处是孙山，贤郎更在孙山外。"解名，就是我国科举制度所规定的举人第一名。而孙山在诗里所谓的"解名"，乃是泛指一般考取的举人。他这句诗的意思是说："举人榜上的最后一名是我孙山，而令郎的名字却还在我孙山的后面。"

后来，人们便用"名落孙山"来比喻考试落榜。

梁上君子

此语出处《后汉书·陈寔传》："夫人不可不自勉。不善之人未必本恶，习以性成，遂至于此。梁上君子者是矣！"

东汉时期，在颍川有个县官叫陈寔，他理政有方，秉公办事，心地仁厚，善于以德感人，深受人们的尊敬与爱戴。

一天夜里，一个小偷溜进了陈寔的家里，躲在房梁上，被陈寔发现了。他没有喊叫，而是装着没有看见一样。他穿好衣服，把儿孙们叫到自己住的房间里，非常严肃地对他们说："你们长大了一定要爱惜名声，努力向上，从严要求自己，不能做那些损害别人的事。有些人原来并不坏，是对自己放松了要求，染上了坏习惯，又不及时改正，才慢慢地变坏了的。这些人如果严格要求自己，也可以做君子的。"

明代吴伟绘《东方朔偷桃图》，美国马萨诸塞州美术馆藏

陈寔说到这里，马上用手指向房梁上边说："你们看，梁上的那位君子堕落到了这般地步，是慢慢变成的啊！"

躲在梁上的小偷听到后，又惭愧、又惊慌，连忙从房梁上跳下来，向陈寔磕头认罪。陈寔的儿孙们要找绳索捆绑小偷，但被陈寔制止了。陈寔见小偷苦苦求饶，便说："看你这个样子，并不像个坏人，你大概是因为生活贫困，才不得不这样做的吧？"说完，让家人取出两匹绸缎送给小偷，劝他改邪归正。小偷痛哭流涕，感恩不尽地一再表示以后决不当小偷了，要重新做人。

人们根据这个故事，引申出"梁上君子"这个成语。后来，"梁上君子"被用作小偷、窃贼的代称。

趣味链接：
为何小偷叫"三只手"？

"三只手"，人人皆知，是小偷小摸的代名词。这个称呼也有个来历呢！

北宋天圣年间，东京汴梁黑道上有个赫赫有名的神偷。当时的小偷，都是用一枚铜钱，磨得锐利无比，用以割人腰包。现代小偷有用刮胡子刀片割人包或者裤兜的，也有用镊子夹人钱包的。但是这位神偷，不用任何工具，只要擦身而过便手到擒来。有一次他在众目睽睽之下，一挨身就将别人身上的银子掏出来了，好像身上还长着一只手。同道中人佩服得五体投地，尊称他为"三只手"。直到今天，人们还把小偷小摸这一行当叫作"三只手"。

黄花闺女

在民间，人们常把未婚的姑娘称为"黄花闺女"。这个名称是怎么来的呢？

原来，古时候的女子十分注重梳妆打扮，尤其是一些名门贵族的姑娘。传说，南朝宋武帝刘裕的女儿寿阳公主非常爱美。有一天，她在宫殿的檐下赏景，适逢蜡梅盛开，北风吹得梅花片片飞落，几瓣梅花掉在了她的额头。梅花渍染，留下了斑斑花痕，寿阳公主被衬得更加娇柔妩媚。宫女们见了，都忍不住惊呼起来。从此爱美的公主就常将梅花贴到前额。

寿阳这种打扮称为"梅花妆"。传到民间，富家大户的女儿都争着效仿。但梅花是有季节性的，于是又有人开始采集其他黄色的花粉制成粉料用以化妆。这种粉料，人们便叫作"花黄"或"额黄"。《木兰诗》中就有"当窗理云鬓，对镜贴花黄"的诗句。也有的人将黄纸剪成各种花样，贴在额上或两颊，作为装饰。久而久之，黄花也就成了女性的特征，"黄花闺女"就成了未出嫁的年轻女子的代名词。

趣味链接：

古代女子的别称

红袖：本指女子红色的衣袖，代指美女。

红裙：本指妇女穿的裙，也指妇女。

红粉：本指妇女化妆用的胭脂和白粉，也代指美女。

粉黛：本指妇女涂在脸上的白粉和画眉用的青黑色颜料，喻指美女。

蛾眉：本指女子细长而弯曲的眉毛，借为美人的代称。

青娥：指代青年女子。娥，"蛾眉"的略称。

红颜：本指妇女美丽的容颜，也代指美女。

裙钗：因妇女着裙插钗，因此称妇女为裙钗。

巾帼：本指妇女的头巾和发饰，后成为才智出众的妇女的代称。

仙子：白居易《长恨歌》："楼阁玲珑五云起，其中绰约多仙子。"

娇娘：李贺《唐儿歌》："东家娇娘求对值，浓笑书空作唐字。"

妖娆：李商隐《碧瓦》："他时未知意，重叠赠妖娆。"

姝丽：柳永《玉女摇仙佩》："有得许多姝丽，拟把名花比。"

惊鸿：陆游《沈园》："伤心桥下春波绿，曾是惊鸿照影来。"

碧玉：万楚《五日观妓》："西游漫道浣春纱，碧玉今日斗丽华。"

倾国：白居易《长恨歌》："汉皇重色思倾国，御宇多年求不得。"

倾城：李商隐《北齐》："巧笑知堪敌万机，倾城最在著戎衣。"

婵娟：姿态美好的意思，后用来指美女。

千金：旧称别人的女儿，含有尊贵之意。

花魁：百花的魁首，旧时指有名的妓女。

丽人：光彩照人，指美貌的女子。

佳人：指美人。《古诗十九首》：

民国时期的少女（年画）

"燕赵多佳人，美者颜如玉。"

玉人：用来称谓美丽的女子。

淑女：指温和善良而美好的女子。

西施：美女的代称。

尤物：指美貌的女子。尤，奇异之意。

小家碧玉：旧时指小户人家的美貌女子。

大家闺秀：旧时指有地位的大户人家的秀丽女子。

绝代佳人：指当世无双的美人。

二八佳人：指年轻美貌的女子。二八，十六岁。

妙龄少女：指正值青春年华的女子。

半老徐娘：风韵犹存的中年妇女，后用来形容中年妇女仍保留青年时的神态。

國立故宮博物院珍藏

伍子胥画像

千金小姐

现在常用"千金"尊称小姐，顾名思义，一千金当然珍贵得很，以其称呼人家的女儿，是得体的赞其高贵之言。

据说，"千金小姐"这一名称的来源，与伍子胥有关。相传，伍子胥为报父兄之仇，投奔吴国，途中饥饿难耐，见湖边有一位洗衣姑娘，竹筐里有饭，便上前求乞。姑娘见他狼狈不堪，顿生恻隐之心，慨然相赠。伍子胥饱餐之后，发誓日后定当以千金报答。

后来，伍子胥在吴国当了相国，为父兄报了仇。他时常记着那位有救命之恩的姑娘，但不知姑娘如今家住何处。为了实现昔日的誓言，伍子胥便将千金投入她当时洗衣服的地方，于是就有了"千金小姐"这一说法。

元代，戏曲作家张国宾的杂剧《薛仁贵荣归故里》中有这样一句话："你乃是官宦人家的千金小姐，做事请自重稳便些。"这是最早用千金来比喻未婚女子的文字记载。从这以后，明、清的文学作品中，称女孩子为千金的就越来越多了。时至今日，"千金"一词仍在使用。

趣味链接：

古代"丫头"仅指小女孩吗？

在古代，女孩子到了及笄之年，要在头上梳两个"髻"，左右分开，对称而立，如同一个"丫"字，所以小女孩被称为"丫头"。其实，"丫头"不但可以指小女孩，也可作为对小辈女子的亲热称呼。如《红楼梦》三十五回，贾母说过："当日我像凤丫头这么大年纪，比他还来得呢！"在书中，凤姐并非小孩，而是贾母的孙媳。

另外，古代婢女经常梳丫髻，所以"丫头"又用以称呼婢女。宋代王洋在《弋阳道中题丫头岩》一诗中咏道："不谓此州尤美艳，只嫌名字太粗疏。"并自注说："吴楚之人谓婢女为丫头。"可能由于"丫头"称呼流行于吴地，北方人不明白，所以王洋写诗为注。

男左女右

我们常说"男左女右"，如果不遵守"男左女右"的传统，似乎就违背了点儿什么似的。中医诊脉，男子取气分脉于左手，女子取血分脉于右手，即使小儿患病，观察手纹也取"男左女右"的习惯。"男左女右"这一说法是如何来的呢？有科学依据吗？

"男左女右"的说法，早在两千多年前的战国时期就已经有了。一种说法，认为"男左女右"与我国古代神话传说中的伏羲和女娲有关。据说盘古开

天辟地，他的左眼化为日神，即伏羲；右眼化为月神，即女娲。伏羲在左，女娲在右。女娲用黄土造出了人类，是人类的始祖和古代母性的象征。由于人们尊崇女娲，于是也崇尚右，所以右边代表较高的地位，因此形成了"男左女右"的习惯。

另一种说法，这一习俗来源于我国古代哲学中的阴阳观念。阴阳之说最初是指物体对日光的方向，朝阳为阳，背阳为阴。后来，古代哲学家就用这个观念来解释所有事物中两个互相对立又相互联系的方面。他们把现实事物中的不同方面如大小、长短、上下、左右等进行归类，称大的、长的或处于上方的、左边的为阳，称与之相对的小的、短的或处于下方的、右边的为阴。而男女两性男为阳、女为阴，于是，"男左女右"的习俗就形成了。

不管是何种原因形成的"男左女右"习惯，到底遵守还是不遵守，其实都不影响我们的生活。只不过有时一种习惯形成后，会给社会生活带来一定的方便，比如说公共厕所。当然，如果把这种习惯过于神秘化，就不合适了。

趣味链接：
古人究竟"尊左"还是"尊右"

在酒宴上，人们往往要让出左边的位子给长者或尊者。这样一种做法，有着悠久的传统，成为人们日常礼仪中的一部分。"虚位以左"这个词语，就说明了这个道理。

战国时期，信陵君求才若渴，礼聘天下贤士。当时有位隐士侯嬴，已经70多岁了，但很有见识，所以信陵君就想延揽他。有一天，他宴请客人，并把自己左边的位置空着，然后亲自驾车去邀请侯嬴。侯嬴身着旧衣，上了马车。信陵君很恭敬地亲自为他驾车。《史记》中记载："公子于是乃置酒大会宾客。坐定，公子从车骑，虚左，自迎夷门侯生。"足见信陵君对侯嬴的尊敬。

如果仅仅根据这个来断定古时候左边的位置为上座，并概称古时以左为尊贵，有些片面。在古代典籍上，也会发现以"右"为尊的记载，更有"无出其右"的说法。

实际上,对"左""右"两个方位的尊重,历代不尽相同。夏商周,朝官尊左,宴饮、凶事、兵事尊右;战国时朝官尊左,军中尊右;秦尊左,汉代尊右;六朝朝官尊左,宴饮尊右;唐宋明清尊左,元代尊右。一般在喜庆活动中,以左为贵,在凶伤吊唁中,以右为尊。

如此看来,单纯说古人"尊左"或是"尊右",都是不全面的,要根据不同的朝代而定。

曲高和寡

曲高和寡意思是曲调高深,能跟着唱的人很少。旧指知音难得,现在比喻言论或作品不通俗,能了解的人很少。词语出自《宋玉答楚王问》。

战国时期,著名大诗人屈原有个弟子宋玉,是楚国的文学家。在楚襄王时代,曾做过文学侍从之类的官职。这个人天资聪敏,而且长相漂亮,有一张善辩的嘴。

有一天,楚国国君楚襄王问宋玉:"先生,你有什么不检点的地方吗?为什么许多人都对你有意见?是不是有什么品行不端之处?"宋玉听后,对楚襄王说:"是的,确实有人在背后说我的坏话,请大王恕罪,希望大王能让我

元代王振鹏绘《伯牙鼓琴图》

把话说完。"襄王说："可以，你说吧！"宋玉并不检查自己，回答道："有一次，一位歌唱家在郢城（当时楚国首都）唱歌，开始，他唱的是《下里》《巴人》之类的楚国民歌，都城里聚集了几千人跟着他一起唱。当他再唱《阳河》《薤露》之类比较高雅的歌曲时，跟着他唱的只有几百人。接着，他又唱了更典雅的《阳春》《白雪》，能跟着他唱的不过几十人。最后，他唱了首高难的歌曲，发挥到极致时，音色优美动听，可是，能跟他唱的只有区区几人了。这就是说，歌曲越是高雅，能够跟着唱的人就越少。歌曲如此，人也如此。圣人品德高尚，智慧超人，远远超过一般人，他就显得很孤立。我怎能和一般人比呢？一般的人又怎能理解我的言行呢？"宋玉为自己的举止做了一番辩解。

后来，"其曲弥高，其和弥寡"简化成了"曲高和寡"。

对牛弹琴

据汉代牟融写的《牟子·理惑》记载：古时候，有位音乐家，叫公明仪。自幼习琴，常在工作之余，坐在门前树下抚琴。有一天，弹完一曲后，抬头见一头牛，在不远处低着头吃草。他突发奇想：我来弹首曲子给它听听，看它如何反应。于是，他颇有兴致地对牛弹了一首《清角操》。弹完一曲后，见牛除了偶尔看看他外，别无反应。接着他又弹奏了一曲，牛仍低头吃草，并未把他弹的优美琴曲当一回事，因为它根本听不懂这高雅的曲调。

公明仪一想，是了，要能听懂琴曲、欣赏高雅音乐，本来就不是一件简单的事。古时候不少大古琴家，常说"知音"难遇，而牛怎么能知音呢？

于是，公明仪一想，让我再来试试。他便更弦易调，弹出蚊子、牛虻的嗡嗡声。这时，牛认为蚊子、牛虻要来侵扰它，就连连摇着尾巴驱赶。

公明仪见牛有了反应，就又弹出小牛的"哞哞"叫声。这时，牛不但忙着摇尾巴，还竖起了耳朵，缓缓地转动。公明仪高兴地说："它现在听见了。"

此后，"对牛弹琴"便成了一句成语，用来比喻说话的人不看对象，对没有这方面知识或不懂道理的人，去谈高深的知识，讲评道理。

三长两短

据考证，"三长两短"的由来与棺材有关。《礼记·檀弓上》记载："棺束，缩二，衡三；衽，每束一。"孔颖达为此作疏，大意是说：古时棺木不用钉子，用皮条把棺材底与盖捆合在一起。横的方向捆三道，纵的方向捆两道。横的方向木板长，纵的方向木板短，"三长两短"即源于此。衽原本指衣服的缝合处，此指连接棺盖与棺底的木楔，两头宽中间窄，插入棺口两旁的坎中，使盖与棺身密合。衽与皮条联用，就是为了紧固棺盖。发展到后来用钉子钉棺盖，既方便又快捷，衽也就逐渐被淘汰。三长两短式的捆棺材皮条也随之消失，但这个词语却一直流传下来。

另有一说也与棺材有关，该说认为，棺材是用6块木板拼凑成的，棺材盖及棺底俗称"天地"，左右两片叫"日月"，这4片是长木板。前后两块称"彩头彩尾"，是四方形的短料。因为尸体放进棺材后才能盖棺盖，所以只称"三长"，加上"两短"便成了"三长两短"。

值得一提的是，"三长两短"有时也被缩略成"长短"，意思不变，如《红楼梦》第十一回："可是呢！好个孩子。要有个长短，岂不叫人疼死！"

现在，"三长两短"一词用来指意外的灾祸或事故，特指人的死亡。

红得发紫

"红得发紫"指某个人在某个领域或方面的地位达到了巅峰，好得不能再好。不难发现，在这里，"红"标志着人的境遇良好，而"紫"则更胜一筹。两种特定的颜色怎么会有如此象征意义呢？其实这与中国古代服色文化及其演变密切相关。

作为服色，"紫"的地位本不如"红"。"红"在汉代称为"朱"，被视为正色，而"紫"是间色（即杂色）。在上古时代，间色是被人看轻的，而紫色尤其被视为一种惑人的邪色。《论语·阳货》："子曰：'恶紫之夺朱也。'"何晏注："孔曰：朱，正色；紫，间色之好者。恶其邪好而夺正色。"

"紫"的地位上升似乎与君主的喜好有关。《韩非子·外储说左上》中记

载着齐桓公喜好穿紫衣并禁止百姓服紫的故事："齐桓公好服紫，一国尽服紫。桓公患之，谓管仲曰：'寡人好服紫，紫贵甚，一国百姓好服紫不已，寡人奈何？'管仲曰：'君可止之。'于是三日境内莫衣紫者。"

由此，"紫"得以与"朱（红）"同列为权贵服色，而"紫"的地位比"朱（红）"的地位还略高一等。唐宋两代规定，三品以上高官服紫，唐代三品以下五品以上服朱色，宋代五品、六品服朱色。

"红得发紫"正是源于这种服色制度。

巾帼英雄

巾帼原指我国古代妇女的头巾和发饰，最早见于《晋书·宣帝纪》。现在我们常将"巾帼"作为对妇女的一种尊称，而把妇女中的英雄人物称为"巾帼英雄"。

三国时，蜀国丞相诸葛亮率大军翻山越岭，远道攻打魏国，与魏国大将军司马懿相拒于渭南。司马懿知道诸葛亮远道进兵，诸多不便，必然急着作战求胜，于是，他坚守军中，不出去与诸葛亮的军队交战，心想日子一久，对方的军队必定会被拖垮，他们就会不战自胜。诸葛亮多次挑战，司马懿却稳如泰山，不予应战。诸葛亮便使了一个激将法，派人给司马懿送去"巾帼妇人之饰"，意在讽刺司马懿不敢出来应战，胆小怕事，不像男子汉。

这一招果然灵验。收到诸葛亮送来的妇女头饰，司马懿被激怒了。他上表向魏帝请求出战，但魏帝不同意。为了防止司马懿受不住对方挑衅而自行出兵，魏帝还派了一个叫辛毗的臣子手持代表皇帝的杖节去司马懿军中。此人名义上是军师，实际上是要控制司马懿。后来诸葛亮又多次到阵前挑战，司马懿实在忍受不了他们的叫骂嘲讽，要领兵出阵与之决一雌雄。但是辛毗却手持杖节立于军门，不许他出去。司马懿没办法，只好作罢。

古时候的贵族妇女，常在举行祭祀大典时戴一种用丝织品或发丝制成的头饰，这种头巾式的头饰叫巾帼，其上还装缀着一些金珠玉翠制成的珍贵首饰。诸葛亮派人给司马懿送去的"巾帼妇人之饰"即是此物。因巾帼这类物品是古代妇女的高贵装饰，所以后人又把"巾帼"作为对妇女的尊称，并把妇女中的豪杰人物称为"巾帼英雄"。

七情六欲

"七情六欲"是梵汉合璧语言现象的一个典型。

"七情"是我国传统词汇之一，按《礼记·礼运》的说法，指人的喜、怒、哀、惧、爱、恶、欲七种感情，是人"弗学而能"、与生俱来的。按佛教的说法，"七情"指喜、怒、忧、惧、爱、憎、欲，两相比较，差别不大。

"六欲"，《吕氏春秋·贵生》中有"所谓全生者，六欲皆得其宜也"的说法，六欲是生、死、耳、目、口、鼻之欲；佛家则以色欲、形貌欲、威仪姿态欲、言语声音欲、细滑欲、人想欲为六欲。《大智度论》里面说：这六种欲望，能使人产生贪欲之心。

作为一条成语，"七情六欲"用来泛指人的各种感情和欲望。

高抬贵手

旧时乡下演戏，往往先由乡绅出钱包下戏班子在祠堂庙宇中演出，而后他们再向群众卖票赚钱，群众凭票进场看戏。

戏场当然只开一扇边门，由一个五大三粗的壮汉把门收票。在无人进场时，壮汉双腿跨在门槛上，双手挺在门框上，以防无票者溜进戏场。农村孩子很想看戏，但又无钱买戏票。有的孩子便瞅空边向守门壮汉哀求，边察言观色，掌握"火候"，伺机轻轻托起壮汉的胳膊说："叔叔，请您把胳膊抬高一点吧！"于是孩子便趁势从壮汉胳肢窝下钻进去看戏了。后来，文人便把"请抬高胳膊"雅化为"高抬贵手"，意思就是请人"开恩"，推而广之，应用于很多场合的求情。

先干为敬

在午宴、晚宴之时，我们经常听到的一句俗语就是"先干为敬"。有些人

商代铜爵杯

也许以为这是现代人的发明，其实不然，"先干为敬"的劝酒方式是从传统文化里延伸出来的。

古人的住房一般都是堂室结构，这种建筑有堂有室。堂在前，室在后，堂大于室。堂室之间，隔着一堵墙，墙外属堂上，墙里属室内。堂上不住人，是古人议事、行礼、交际之所在。举行礼节活动时，室内以东向为尊，即席上最尊贵的人面东而坐；堂上则以南向为尊，最尊贵的客人南向而坐。按照这种尊卑长幼排序坐好之后，酒席就可以开始了。

喝酒时，主人必须先于客人饮酒，是为"献"。这种礼俗起源很悠久，主人先饮，包含了向客人暗示"酒里无毒"、可以放心饮用之意（这一点，与通过握手表明双方手里都没有暗藏凶器的思路很接近）。主人饮过之后，客人亦须饮酒以回敬主人，是为"酢"，亦称"报"。之后，主人为劝客人多饮，自己必先饮以倡之，是为"酬"。客人在主人饮过之后也举起酒杯畅饮，是为"应酬"，即以此回应主人的厚谊。

这样的礼俗说法慢慢延伸下来，就是今天我们所见到的"先干为敬"。

江郎才尽

"江郎才尽"比喻人的才思减退或是本领用尽。事实上，历史上真有个叫"江郎"的人呢！

据《南史·江淹传》记载，南北朝时，济阳考城曾有位学子叫江淹，人称江郎。他出身贫苦，自幼立下大志，要发愤读书改换门庭。江郎一方面挖野菜养活母亲和自己，一方面刻苦攻读。他的笔头竟然像有神力驱使般，写出一手好文章来，震惊了四方。齐国君王发现了这个奇才，先后有高帝和武帝都重用江淹，让他持续做了多年光禄大夫。做高官后，江淹不再刻苦读书以继续提高水平，他忘记了当年的贫苦，更不接触黎民百姓，而是沉迷于富裕的官宦生活。逆水行舟，不进则退，他不仅官做不好了，百姓对他的意见很多，同僚之间对他也微言四起，连他的文章也变得空洞乏味，越来越糟。

传说江淹一次做梦，梦见一个身材高大的人，自称名叫郭璞，向江淹要回了以前借给他的一支五彩笔，从此江淹的诗作佳句全无。人们议论，这是江郎才学用尽了。

江郎的问题是因为升官富裕之后不再求上进了。若坚持努力勤奋，只会水涨船高越来越好，怎会江郎才尽？

信口雌黄

此语出自晋代孙盛《晋阳秋》："王衍，字夷甫，能言，于意有不安者，辄更易之，时号口中雌黄。"

"信口雌黄"语义是指随意乱说，这个词语来源于王衍。王衍，字夷甫，山东临沂人，年少时即显露出色才华，为当时名流所惊异，甚至晋武帝司马炎亦闻其名，问起过他的堂兄王戎："当世谁能与之相比？"王戎说："没有看到能有谁可与之相比，只能从古人中寻找！"

王衍喜爱《老子》《庄子》的学说，口不论世事，唯雅咏玄虚。后来出任元城（今属河北大名县）县令，常常整天和朋友清谈，但日常事务也管一下。虽然这样，王衍却仍不断升官，直至做到中庶子、黄门侍郎这样的大官。这个官是侍从在皇帝身边，负责掌管机要文书、传达诏命的。

王衍虽然处在如此重要的官位，却依然以谈论老子、庄子的玄言机理为主。又因为他长得一表人才，目光炯炯，所以常常自比为孔子的学生子贡。

王衍时，清谈之风盛行。他以其显赫的官职爱好清谈，故而受到当世人们的倾慕，成为清谈家一时的首领。

其实，他讲的那一套玄言虚论，常常义理有所不妥，甚至漏洞百出，自相矛盾，以致受到听众的质疑或驳难，可是，他也满不在乎，往往随口更改，弄得前言不搭后语。因此，当时人们给他起了一个绰号，叫作"口中雌黄"。

雌黄是一种矿物质，可以涂改文字，"口中雌黄"形容随说随时改。"改"得多是因"错"得多。老错老改，才得出"口中雌黄"的结论。老是说错，那说的自然属于瞎说、乱说。

"口中雌黄"后来衍变为成语"信口雌黄"。"信口"是随口的意思，即未加认真思索、随口乱说，以至需要用"雌黄"来进行修正。"信口雌黄"比喻不顾事实、没有根据地妄发议论，随口乱说。

叶落归根

"叶落归根"指树叶从树根生发出来，凋落后最终还是回到树根。比喻事物总有一定的归宿，多指作客他乡的人最终要回到故乡。远在海外的中华赤子常用"叶落归根"来表达思念故土之情。

"叶落归根"一词的意思最早见于《荀子·致仕篇》，原句是："水深而回，树落（则）粪本。"这在《汉书·翼奉传》的注里被引申为"木落归本，水落归末"。当时的语义比较浅显，也比较接近"叶落归根"这句词语。宋人所作的佛教书籍《传灯录》便明确出现了这句词语，其中有云："六祖慧能涅槃时，答众曰：叶落归根，来时无口。"后来，陆游干脆将其纳入诗中，作成"云闲望出岫，叶落喜归根"的佳句。

陆游画像

上下其手

《左传·襄公二十六年》载有一则"上下其手"的故事：春秋时代，楚国倚仗兵多将广，侵犯郑国的城麇这个地方。郑国派大将皇颉抵御。两军在城外交战，郑军大败，皇颉逸遁，被楚国一个叫穿封戌的县官俘获。

楚康王的弟弟公子围（即后来的楚灵王）为了邀功，硬说皇颉是他抓住的。这样，公子围和穿封戌就吵了起来，无法判定是非。

于是，他们两个一道去找当时领兵的伯州犁评个是非，以求公断。

伯州犁听完他们的陈述，觉得公说公有理，婆说婆有理，心里虽想偏袒公子围，却又找不出理由，做出使人心服的裁决。经过一番思索，终于想出了一个双方都能接受的方案。他说："最好把俘虏叫来，让他亲自认一认，说说到底是谁捉住他的。"公子围和穿封戌自然都表示同意。

于是俘虏皇颉被带了上来。伯州犁对他说："他们两个人就是因你而争执。你说说到底是谁捉住你的？你没有什么不明白的吧？"停了一下，伯州犁又说："现在我来介绍一下，这位……"他高高地举起一只手，然后用一个指头点着公子围，接着说："这位先生是楚国王子，叫公子围，我国国君宠爱的弟弟。"说完，伯州犁把手放了下来，指着穿封戌说："这位先生叫穿封戌，是我国边境的一位县令。"伯州犁顿了顿，然后暗示道："你听明白了吗？现在你说说，到底是谁俘虏了你？"

皇颉看到伯州犁的手势所指，领会他的意图，为了逢迎权贵，求得从宽发落，便撒谎说："在交战紧急时刻，我碰上了王子，抵挡不住，被他俘虏了。"

在伯州犁的暗示下，皇颉的一句话，就此下了结论。事实在这里被亵渎、被歪曲。

后来人们就把伯州犁那种用忽上忽下的手势，暗示他人串通作弊、歪曲事实的行为叫作"上下其手"。

半斤八两

在日常生活中，我们常听到这样一句口头禅："一个是半斤，一个是八两。"意思是两个人不相上下。因为过去相当长时期内 1 斤是 16 两，半斤就等于 8 两。

清代禹之鼎绘《王士禛放鹇图》（局部）

关于半斤八两的来由，有一个古老而有趣的民间传说。据说天上北斗7颗星，南斗6颗星，共13颗星。而使用秤的买卖人，都要凭良心给够重量，如缺斤少两，良心就要受谴责，就会折福、折禄、折寿。因此，在13颗星后面，再加上福禄寿3颗星。在秤杆上刻的16颗星就代表16两。售货给顾客时，如短秤1两则折福，缺2两则折禄，缺3两则折寿。后来，市场上称呼不够分量的秤为"短命秤"，据说就是由此而来的。

还有一个传说来自清代王士禛的《池北偶谈》。

传说过去有个宰相的孙子，游手好闲，好吃懒做，把祖业都败光了，连饭也吃不上，常常向人借米度饥。有一次，他借到一袋米回来，半路上背不动了，只好在路边歇着。这时候，迎面走来一人，穿着破烂的衣服。他叫住那人，讲好工钱，让那人帮他背米。可是，没走多少路，那人就气喘吁吁的，也走不动了，他便埋怨道："我是宰相的孙子，手不能提，肩不能挑，这还有情可原。你是一个穷人，为什么也这样不中用？"没想到，那人却翻翻眼，说："你怎么能怪我？我也是尚书的孙子呢！"后来，有人评说，这个宰相的孙子和那个尚书的孙子，一个是半斤，一个是八两，两人差不多。

天高皇帝远

北宋末年，浙江台州、温州一带大旱，饿死很多百姓。由于宋朝京官和地方官员特别多，机构庞大，政府开支特别大，加上皇帝奢侈，建造楼、堂、馆、所一天也没停止过，因此负担都转嫁到人民身上。即使灾荒年代，也照样苛捐杂税，横征暴敛，严刑催逼。于是天下大乱，人民纷纷起义。

台州和温州的农民实在活不下去了，于是在村子里树起造反大旗，旗上写着四句话：

阎立本《历代帝王图》之晋武帝司马炎

天高皇帝远，民少相公多。

一日三遍打，不反待如何。

这四句话译成现代语言是：高高在上的皇帝怎会体恤人民的生活？那么多的官吏（相公）骑在人民头上剥削，为催税一天打我三次，再不造反还等待什么？这次造反后来被镇压下去，但宋王朝的统治基础已受到根本动摇。

此故事载于明代黄溥《闽中古今》。后人常用"天高皇帝远"或"山高皇帝远"比喻上层官僚不了解下情，或比喻中央政权的力量达不到边远地区，那里的官员可以胡作非为。

趣味链接：

"皇帝"这个称号的由来

上古三皇五帝，如羲皇伏羲、娲皇女娲、黄帝轩辕、炎帝神农等都不是真正的帝王，仅为部落首领或部落联盟首领，其"皇"或"帝"号，为后人所追加。夏朝君主称"后"，商朝君主称"帝"，周天子称"王"。战国诸侯大多僭越称王，尊周天子为"天王"。秦王嬴政统一中国，认为自己"德兼三皇、

穿戴冕服的秦始皇画像

功盖五帝"，创"皇帝"一词作为华夏最高统治者的正式称号。

秦国刚统一天下，秦始皇命令丞相、御史说："……我凭着这个渺小之身，兴兵诛讨暴乱，靠的是祖宗的神灵，六国国王都依他们的罪过受到了应有的惩罚，天下安定了。现在如果不更改名号，就无法显扬我的功业，传给后代。请商议帝号。"意思是不能和以往的称号一样。大臣们听了，自然不会放过这么一个绝好的拍马屁的机会。丞相王绾、御史大夫冯劫、廷尉李斯等都说："现在您兴正义之师，讨伐四方残贼之人，平定了天下，在全国设置郡县，法令归于一统，这是亘古不曾有、五帝也比不上的。我们恭谨地跟博士们商议说：'古代有天皇、有地皇、有泰皇，泰皇最尊贵。'我们这些臣子冒死罪献上尊号，王称为'泰皇'。发教令称为'制书'，下命令称为'诏书'，天子自称为'朕'。"

秦始皇说："去掉'泰'字，留下'皇'字，采用上古'帝'的位号，称为'皇帝'，其他就按你们讨论的办。"又下令说："我听说上古有号而没有谥，中古有号，死后根据生前品行事迹给个谥号。这样做，就是儿子议论父亲，臣子议论君主了，非常没有意义，我不取这种做法。从今以后，废除谥法，我就叫作始皇帝，后代就从我这儿开始，称二世、三世直到万世，永远相传，没有穷尽。"可惜秦朝只传了三世，就"寿终正寝"了。

快刀斩乱麻

面对纷繁复杂、毫无头绪的问题，采取果断的措施加以解决，不拖泥带水，往往被形容为"快刀斩乱麻"。

　　根据《北齐书》记载：在南北朝时期，东魏有个丞相叫高欢，他有很多儿子，在那个政局很乱的年代里，他知道自己的权势、家产等不一定能给儿子们带来幸福，甚至不能保证这一切能到儿子们的手中，因此，他很为儿子们的前途担忧，想切实地知道他们在今后的岁月里能不能生存。于是有一天他召集儿子们，要考察他们的聪明才智。高欢给他的儿子们一人发了一把乱麻，要他们以最快的速度把它整理好。

　　儿子们都拿着麻各自到一旁去理。别的孩子一根根抽，一根根理，可是由于麻很多地方打结了，抽这根带那根，越理越乱。几个儿子一个个急得满头大汗，只有一个名叫高洋的孩子接过麻后，一语不发，而是转身回房把自己的腰刀拿来了，三下五除二，几刀就把那纷乱如丝的乱麻斩断，然后再理，很快就把麻理顺了，第一个完成了任务。高欢非常惊讶，问他为什么这样理，这样麻不都成了很短很短的一小段了么？高洋回答："父亲，你只说要理顺，并未涉及长短，所以只好'乱者必斩'。"高欢一看自己的儿子如此精明、果断，非常高兴，那颗为他们悬起的严父之心随之落了地。

　　后来，就是这个"快刀斩乱麻"的高洋成了北齐王朝的文宣帝。他以自己的精明、勇敢和果断成就了自己的帝王基业，成为那个乱世里又一个英雄人物，而"快刀斩乱麻"则成了传颂他的聪明才智的故事。

坐山观虎斗

　　"坐山观虎斗"是指坐在山上观两虎相斗，形容旁观别人的争斗，从而坐收渔利。此语出自司马迁的《史记·张仪列传》。

　　战国时期，有一年韩国与魏国打起仗来，打了很长时间，不分胜负。秦惠王打算派兵讨伐，想听听大臣们的意见，可是众说纷纭、莫衷一是。大夫陈轸回到秦国，秦惠王就请他帮助谋划。陈轸没有直接回答秦惠王的问题，他先讲了一个故事说："从前有个叫卞庄子的人，看见两只老虎，就想举剑刺杀它们。旁边的人劝他说：'你不必着忙，你看两只老虎正在吃牛，一会儿牛快被吃光时，它们必然会因争夺而引起搏斗，结果必然是大虎受伤，小虎死亡。到那时候，你再将那只受伤的大虎刺杀，岂不是一举而得到两只老虎吗？'"

秦惠王恍然大悟，说："你的意思是说，先让韩国和魏国打一阵子，等一个失败，另一个受损时，我再出兵讨伐，就可以一次打败他们两个国家，就与那卞庄子刺虎一样，坐山观虎斗，一举两得，是吧！"陈轸点头，说："正是这样！"秦惠王采纳了陈轸的意见，真的获得了胜利。

后来人们就比喻对双方的斗争采取旁观的态度，等到两败俱伤的时候再从中取利。

三寸不烂之舌

"三寸不烂之舌"这个俗语源自楚汉相争之时。汉高祖刘邦的得力助手中有个名叫张良的，是个书生。他精通兵法，足智多谋，而且很有口才。他帮助刘邦起兵反秦，又与项羽互争天下，最后获得胜利，建立了汉朝。在军事方面，张良运筹帷幄，定计决策，起了很大的作用。

《史记·留侯世家》载，刘邦做了皇帝，封张良为"留侯"。可是张良却想出家当道士去，他说："我家本在韩国，祖上世代都是韩国的大臣，强暴的秦国灭亡了我们韩国，我为了报仇，宁愿牺牲万贯家产，参加了反秦的战争，而终于见到了胜利。我，凭了我的'三寸舌'，今天得到这样高的荣誉和地位，对于我来说，就足够了……"

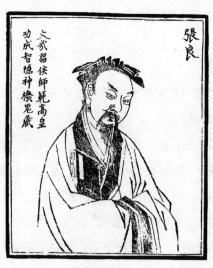

张良画像

所谓"三寸舌"，就是舌头。《史记索隐》注释道："《春秋纬》云：舌在口中，长三寸。"人们常用"三寸舌"这句成语形容能说会道，极有口才，也叫"三寸之舌"或"三寸不烂之舌"，意思是说别看它只有三寸，可厉害呢！

挂羊头卖狗肉

"挂羊头卖狗肉"始见于《晏子春秋·内篇·杂下》。

《晏子春秋·内篇·杂下第六》中讲述了这个词语的由来。

春秋时期，齐国的国君齐灵公有个奇特的癖好——喜欢宫中的妇女穿男人的服装，按照男人的样子打扮得英姿飒爽，英气勃勃，他觉得女人这样打扮后，再同她们一起玩乐，别有一番情趣。

想不到齐灵公的这一癖好，很快便传了出去，一下子成为一种时尚，竟至整个齐国所有的妇女，不论老少，一律穿起了男装：宽袖长袍，束上一根腰带，还戴上一顶礼帽。一时间，男性服饰成了时髦女装，整个齐国也就男性化了。女人都穿上男装，男女不辨，这是很不正常的现象，没有什么好处；表面上人们好像朝气蓬勃，实际上则死气沉沉，世界显得单调、古板。齐灵公也看到这一点，不免感到忧虑，于是就让官吏们去禁止。他发令说："凡是女子穿男子衣服的，一经发现，就要撕破她的衣服，扯断她的衣带。"

官员们雷厉风行，四处奔走，坚决执行命令。没有多久，大街上到处都可以见到这样的景象：妇女们穿的仍然是男装，只是衣服被撕破了，衣带也断裂了，情景甚为难堪，但妇女穿戴男人服饰的风气仍然没有刹住。齐灵公看见这个情况很气愤，却又无可奈何。

有一次，齐灵公见到晏子，就问他："我已经下令禁止女人穿男人的服装，发现以后就撕破她们的衣服，扯断她们的衣带，可是为什么仍然制止不了呢？"

晏子回答说："您让宫中的女子都穿男人的服装，而却禁止宫外的女子穿男人的服装，这就好比在门外挂着牛头，在里面却卖的是马肉一样。挂牛头只是幌子，是为了欺骗顾客，

北宋李公麟《簪花仕女图》

让人误以为挂的牛头，卖的一定是牛肉，这怎么能让人信服呢？您想禁止女扮男装的风气，为什么不首先在宫中禁止这一现象呢？这样，外面的人自然而然也就不敢违抗了。"

齐灵公听了，这才恍然大悟，就说："那好，明天就下令禁止宫内女扮男装。"

命令一下，宫中的女子很快就恢复了女装打扮。一个月后，全国的女子再也没有穿男子服装的了。"挂牛头卖马肉"作为一条俗语，后来一般说成"挂羊头卖狗肉"，比喻用好的东西作幌子来骗人，名实不符，表里不一。

士为知己者死

"士为知己者死"最早出自《战国策·赵策一》："士为知己者死，女为悦己者容，吾其报知氏之雠矣。"讲的是晋国侠客豫让给智伯报仇的故事。

后来在汉代刘向《说苑》中也有这句话："生我者父母，知我者鲍子也。士为知己者死，而况为之哀乎！"

春秋战国时期，齐国大夫鲍叔牙（鲍叔）与管仲是好朋友，二人之间建立了深厚的友谊。鲍叔牙死后，管仲扎上衣襟，失声痛哭，泪下如雨。侍从说："他不是您的父亲，也不是您的儿子，这般哀痛大概有什么原因吧？"管仲说："这不是你们所能理解的。我曾经与鲍叔牙到南阳（齐国的城邑，在今山东邹县）担货贩卖，我在市场上多次受到羞辱，鲍叔牙并不认为我怯懦，知道我将有扬名于世的时候；鲍叔牙曾与我一起游说君主，但多次不被采纳，鲍叔牙不认为我无能，知道我没有遇上英明的君主；鲍叔牙曾与我分取钱财，我自己经常拿多的一份，鲍叔牙不认为我贪心，知道我在钱财上匮乏。生养我的是父母，理解我的是鲍叔牙。士为知己者死，何况为他尽哀呢？"

"士为知己者死"就是从这个故事来的。可用它来形容人品刚直无私，也可用它形容为人侠肝义胆，勇于为朋友赴汤蹈火，牺牲自己也在所不惜。

有钱能使鬼推磨

"有钱能使鬼推磨"这句俗语广为流传。它出自南朝宋刘义庆的《幽明录·新鬼》。

传说一个新鬼刚来阴间，得不到食物，饿得瘦弱不堪。一个老鬼告诉他，只要到人间闹得人们不得安宁，他们自然会烧纸钱送鬼神，还要供上许多好吃的东西。新鬼听后，马上到了一户穷人家。看到厨房里有一盘磨，就使劲推起来，以为这样就能闹得人家惊慌失措。主人听到响动，赶到厨房一看，却空无一人，只有磨在转动。他感叹道："天都可怜我太穷，派鬼来帮我推磨了。"可怜的新鬼忙了半夜，也没有讨到吃的。

晋代鲁褒《钱神论》所引谚语"钱无耳，可使鬼"和俗谚"有钱能使鬼推磨"一样，都是形容金钱万能这种不正确的价值观。

宋末元初画家龚开所作的《中山出游图》中鬼的形象

四海之内皆兄弟

"四海之内皆兄弟"，语出《论语·颜渊》。

春秋时期，孔子有一个学生，姓司马，名耕，字子牛，人称司马牛。相传司马牛是宋国大夫桓魋（tuī）的弟弟。桓魋在宋国犯上作乱，遭到宋国朝廷的打击，全家被迫逃亡。司马牛逃到鲁国，拜孔子为师。他对桓魋的行为十分不满，并宣布桓魋不是他的哥哥。为此，他经常感到忧伤。故事说，有一次，司马牛忧愁地说："别人都有兄弟，唯独我没有。"子夏（姓卜，名商，字子夏）劝他说："商闻之矣：'死生有命，富贵在天。'君子敬而无失，与人恭而有礼，四海之内，皆兄弟也。君子何患乎无兄弟也？"

"四海之内皆兄弟"就是从这个故事演化来的。它的意思是说，天下的人都是自己的兄弟。

新官上任三把火

"新官上任三把火",是讲新上任的官员,开始履新有些劲头,必先做两三件于百姓有益之事。其含义是指事后是否还会不断做好事则难说了。此乃人们的经验之谈。这里的"三把火"是比喻,讲开头前三件事,多像烧起火来那么壮观而引人注目,轰轰烈烈且有声有色。这句俗语来源于诸葛亮的故事。

据古典小说《三国演义》所述,三国时,诸葛亮应刘备"三顾茅庐"之请,出山担任刘备的军师后,在短短的时期内,连续三次用火攻战胜了曹操。

第一次火烧博望坡;第二次在新野,火攻、水淹;第三次火烧赤壁,百万曹兵惨败。当时,人们把这三把战火称为"诸葛亮上任三把火"。传到后来,人们便把它说成"新官上任三把火"了。

现在人们使用这句话,往往表达不同的意思:一种是说新官上任,热情高、干劲大;一种是说,新官上任开头还行,过一段时间就不行了;还有一种是说,新官上任故作声势,做样子唬人。

人非圣贤,孰能无过

春秋时代,晋灵公暴虐无道,惹得天下怨声载道。公元前607年的某一天,一名御厨给晋灵公炖熊掌没有炖透,晋灵公一怒之下就把他杀了,然后叫两个宫人将这名御厨的尸首放在筐里送出宫去埋葬。恰巧被相国赵盾和大将军士季这两位正直的大臣看见了,他们俩很伤心,知道晋灵公如此下去必定会遭天下人唾弃,就打算进宫去劝谏晋灵公。

他们经过商量,决定让士季先去朝见。大将军士季进了宫,晋灵公装着没有看见,直到士季往前走三次,来到宫殿的屋檐下,晋灵公才瞟了他一眼,不等士季开口,就言不由衷地说:"你不用多说,我已经知道自己所犯的错误了,今后一定改正。"士季说:"哪个人没有过错呢,有了过错能够改正,那是最好不过的了。您如果能坚持到底,国家就可以巩固,您如果能接受大臣的劝

146

谏，就是一位好国君。"

但是，晋灵公嘴上说得好听，行动上却依然如日。后来，相国赵盾又屡次加以劝谏，晋灵公开始越来越反感他了。于是，晋灵公就派了一名刺客去暗杀赵盾。然而，那个刺客却不愿意杀害赵盾，在赵盾面前自杀而死。晋灵公见此计不成，又生一计，派人请赵盾进宫赴宴，企图趁机杀害他，结果赵盾被卫士们营救出来。最终，作恶多端的晋灵公被卫士赵穿杀死了。

汤子遗书卷一
睢阳汤斌潜庵著
語錄
人皆可以為堯舜要體察我之可為堯舜者何在
識得工夫自不容已
周子怒哀樂未發日當於人欲淨盡時驗之既而
曰先儒教人看未發前氣象正是教人下手做工
夫最親切處
語姚岳生日鳶飛魚躍如何是子思子喫緊為人
處答曰鳶魚上下皆道之機也吾人體道不可須

清代同治年间《汤子遗书》刻本

后来，清朝汤斌在《汤子遗书》里说："人非圣贤，孰能无过？"从而使这个成语流传下来。

不入虎穴，焉得虎子

"不入虎穴，焉得虎子"出自《后汉书·班超传》："超曰：'不入虎穴，焉得虎子。'"

东汉初年，匈奴贵族的力量很强大，征服了西域大部分地区。匈奴是个游牧民族，人民勇猛剽悍，常常袭击过往商人，抢劫财物，使得这条商路无人敢走，国家的利益受到损害。强大的匈奴军队还经常袭击边塞城镇，对东汉的政权构成了一定的威胁。因此，朝廷便派出大臣班超出使西域各国，联络它们共同抵抗匈奴。

一次，班超率领 6 名随从来到了鄯善国。开始，鄯善国国王对他们非常殷勤，以上宾之礼相待。受尽了匈奴贵族压迫的鄯善国王也想借机翻身。可是，他很快就改变了态度，开始冷淡和疏远班超这帮人。通过了解，班超得知是匈奴使者正在鄯善进行活动，他们威逼利诱鄯善国王和汉朝使者断绝往来。

鄯善国王在他们强大的压力下，开始冷淡和疏远了汉使者。

班超召集同行随从将士，分析了当时的处境，果断地对大家说："不入虎穴，焉得虎子！为今之计，只有以火攻的办法夜袭匈奴使者的营舍，把他们消灭掉，才能争取鄯善国与我们的友好。"大伙齐声赞同道，"死生从司马！"于是，在班超的指挥下，全体人员于夜间向匈奴使者的营舍发起攻击。当夜大风骤起，班超等人顺风放火，前后呼应，杀了匈奴使者一百余人，彻底粉碎了匈奴贵族的阴谋，把鄯善争取了过来。

班超出使西域历时 31 年之久，经过了艰难险阻，排除万难，终于成功地在军事上和外交上孤立和打击了匈奴贵族，重新打通了"丝绸之路"，解除了东汉王朝西部边境的威胁。

后来，"不入虎穴，焉得虎子"就成了人们不怕困难，不畏艰险，克敌制胜的格言，同时，也鼓励人们要深入实地调查研究，脚踏实地地干一番事业。

皇帝的女儿不愁嫁

"皇帝的女儿不愁嫁"这句俗语源于历代"公主"的婚嫁情况。

皇帝对女儿们配偶的出身门第要求特别严格。周朝时，只有诸侯的儿子可高攀公主。战国以后，能与公主婚配的，还有手握实权的权贵、将相。以后各朝各代，以宰相之子"尚主"（因公主身份高贵，把与公主匹配，称为"尚"）的为多。魏晋南北朝时期，公主的婚姻更是追求门第，甚至只讲驸马的家世、出身，不问他有无才学。唐代，驸马不是"选多戚里将家"，就是"择大臣子"，不但要审查驸马的家世，还要追查驸马家庭其他人的身世。元朝也规定："非勋臣族及封之君，莫得

明代仇英《吹箫引凤》描绘秦穆公之女弄玉在凤楼上吹箫引来凤凰的故事

尚主。"

宋朝时，因科举盛行，整个社会重视文化知识，以至朝廷在选择驸马时，从专门追求门第，转向注重学识。一些皇帝"欲求儒生为（公）主婿"，如宋英宗"出嫁皇女，访求儒生"，宋理宗"欲以进士第一人尚主"。以后，儒生中了状元，只要尚未婚配，很可能被选为皇帝的乘龙快婿。宋英宗为其女择婿，常亲自面试其文才。

公主的配偶，不管门第有多高，总没有皇家高贵，所以公主出嫁，称作"下嫁""出降"。历朝历代，"尚主"的家族，即成为皇帝的姻戚，有着种种其他官僚贵族享受不到的特权。唐朝肖嵩之子肖衡，尚新昌公主，皇帝见到肖嵩，即称"亲家"（民间称"亲家"之俗始于此）。官僚贵族大都愿与皇帝攀亲，因此也就热衷于"尚主"。民间也就有了"皇帝的女儿不愁嫁"的说法。

趣味链接：

驸　马

驸马就是公主的丈夫，皇帝的女婿，又称帝婿、主婿、国婿等，因官名"驸马都尉"得名。

张良会同大力士阻击秦始皇时，击中秦始皇的副车。此后秦始皇出巡的时候就安排许多副车，特找替身来掩人耳目。此后历代皇帝出巡都仿照秦始皇安排替身，既是皇室人又是外姓人的女婿就成了最佳人选。汉武帝时始置驸（副）马都尉，掌副车之马。到三国时期，魏国的何晏，以帝婿的身份授官驸马都尉，以后又有晋代杜预娶晋宣帝之女安陆公主，王济娶司马昭之女常山公主，都授驸马都尉。魏晋以后，帝婿照例都加"驸马都尉"称号，简称"驸马"，非实官。此后"驸马"一词即用以称帝婿。清代驸马称"额驸"。

箭在弦上，不得不发

"箭在弦上，不得不发"的本义指箭已经搭在拉满的弓弦上，不得不射出

《射鹿图》中的骑射情景。美国大都会美术馆藏

去。后用来比喻为形势所迫，不得不采取某种行动。语出《太平御览》。

东汉末年有七个非常有名气的才子，人称"建安七子"。其中有一个文笔非常好的叫陈琳，在袁绍手下做书记官。

袁绍和曹操一样，野心都很大。曹操的崛起使袁绍感到了威胁，必欲除去曹操而后心安。于是，他就让陈琳写了一篇《为袁绍檄豫州》的檄文。在檄文中，陈琳历数曹操的种种罪状，痛骂其祖宗三代，号召天下人起来共同反对曹操。

这篇檄文很快传到了曹操的手里。曹操正在犯头痛，又读到骂他祖宗三代的文章，更是极其厌烦。然而，当曹操仔细看时，竟然被其中精彩的文笔所打动。曹操本人很有才学，又非常器重贤才，听说写这篇檄文的陈琳为袁绍所用，深感惋惜。

后来，曹操打败了袁绍，陈琳也投靠了曹操。有一次，曹操当着陈琳的面责问他："你当初写的那篇檄文，骂我倒也忍受，为什么要骂我祖宗三代呢？"

陈琳一直害怕这件事，于是，他向曹操谢罪说："当时的情况您是知道的，我替袁绍卖命。就像一支箭已经搭在弓弦上，不得不发射出去。"

曹操听完了陈琳的解释，觉得很有道理。他不但没有憎恶陈琳，反而让他担任司空参谋祭酒，对其尤其器重。

刀枪入库，马放南山

此语出自《尚书·武成》。"刀枪入库，马放南山"是说将兵器藏于库府，不再使用；将牛马放牧，不再作为军用。比喻天下太平，不再打仗。现在常用来指放松警惕。

周武王会合西南各族，出兵东征，讨伐残暴无道的商纣王。在牧野（今河南淇县西南）之战中，虽纣王率领之兵众多，但军中人心涣散，士气低落，根本无法与周武王的军队相匹敌。两支部队交战不久，纣王军队的前部竟然倒戈，帮助周武王打自己的后部，使得周武王的部队一举铲除了商纣王的势力。

法国国家图书馆藏《帝鉴图说》之商纣王酒池肉林本

周武王结束了纣王的恶政，使天下太平安定，他释放纣王囚禁的人，追封被纣王所杀害的人，散发纣王囤积的资财和粮食，赏赐有功之人，分封爵位，天下百姓无不欢欣雀跃。

周武王灭商后，京都由商都迁移到了文王时的旧都丰地（今陕西户县西）。他偃武修文，终止武备，提倡文教。他将马放归华山之南，将牛放于桃林之野，表示不再把牛马用于战争（休牛放马）。用于战争的兵车、盔甲藏于府库，倒挂干戈，以虎皮包裹，以此向天下表明不再用兵。

时无英雄，使竖子成名

此语出自《晋书·阮籍传》："尝登广武，观楚、汉战处，叹曰：'时无英雄，使竖子成名！'"

魏晋之际有个著名文学家、哲学家阮籍，字嗣宗，陈留尉氏（今属河南）人。他与当时的名士嵇康等七人并称"竹林七贤"。

阮籍容貌英俊，性格狂傲，志气宏大，学识渊博。他读了许多书，最喜

唐代孙位《竹林七贤图》（局部）

欢的是《老子》《庄子》。在生活中也按老子和庄子的哲学思想处世，顺其自然，不拘小节。他有时在家关起门来看书，可以一连几个月不出来；有时出外游山玩水，可以多日不归。他不仅诗歌、文章写得好，还善于弹琴、唱歌，又酷爱饮酒。有时他读书或弹琴到兴致浓时，连自身的存在也忘记了（原文为"当其得意，忽忘形骸"）。

阮籍对当时朝政的腐败、黑暗深为不满，常与嵇康等人在竹林下一边饮酒，一边批评朝政。他看不起专权的司马氏集团，也看不起曹氏的傀儡皇帝。朝廷曾召他去当参军，他推辞不去。有一次，阮籍登上广武城，观看当年楚霸王项羽与汉高祖刘邦交战的遗址。他很蔑视刘邦的人品和才能，感慨地叹息："当年是世上没有真正的英雄人物，而让刘邦这种小人成名（原文为'时无英雄，使竖子成名'）。"

后人用"时无英雄，使竖子成名"的典故形容由于时势的关系，使其人成了名，但并非这个人才能出众（竖子：意为小子，含有轻蔑之意）。俗语"山中无老虎，猴子称大王"与此语意思差不多。

152

半路上杀出个程咬金

此语出自出《说唐全传》。

隋朝末年，天下大乱，大盗尤俊达想抢隋帝的皇杠（皇帝派人押运的银子，由于银子是装在打通了的竹杠里的，所以叫"皇杠"），便到处物色武艺高强的助手，一找找到了程咬金。程咬金很穷，为了养活母亲，在市上卖竹箅子过活，尤俊达便把程母接到庄上奉养，带着程咬金去劫皇杠。不管押运皇杠的军官如何本领高强，都被程咬金三斧头就杀得大败，隋帝的皇杠前后三次都是在半途被劫。

后人用"半路上杀出个程咬金"比喻一件事被人横加干扰，出乎意料地遭到失败。

家贫思贤妻，国乱思良相

"家贫则思良妻，国乱则思良相"一语出自《史记·魏世家》。

魏文侯有一天对他的谋士李克说："谚云：'家贫则思贤妻，国乱则思良相。'我想：魏成子和翟璜两个人都不错，却拿不定主意叫谁做相国好，你觉得两个人谁强些呢？"李克说："你下不了决心，是因为平时考察不够。考察一个人的标准是：看他平时亲近些什么人，富足了要看他和哪些人做朋友，当官了要看他推荐什么人，不做官了要看他哪些事不屑于干；贫穷了要看他哪些钱不屑于拿。看这五个方面，就可以决定这两个人谁强些了。"魏文侯说："行了，你休息吧，我明白该选谁做相国了。"

李克出来，遇见了翟璜，翟璜说："听说文侯找你商量谁可以做相国，决定了没有？"李克说："魏成子为相国。"翟璜气不过，说："我哪一点不及魏成子？国王缺西河太守，我推荐西门豹；国王进攻中山，我推荐乐羊；国王的儿子没有师傅，我推荐屈侯鲋，结果是西河大治，中山攻克，王世子品德日进，我为什么不可以做相国？"李克说："你怎么比得过魏成子呢？魏成子的千钟俸禄，百分之九十用来罗致人才，所以卜子夏、田子方、段干木三人都从别的国家应募而来。这三个人，魏文侯都以师礼待之。而你所推荐的人，不过是魏文侯的臣仆，你怎么比得魏成子？"翟璜想了半天，惨然失色，说："你说得对，我是比不上魏成子。"最终，魏文侯让魏成子当了相国。

后人用"家贫思贤妻，国乱思良相"来比喻越是在困难的情况下，越要用人得当。

一朝被蛇咬，十年怕井绳

"一朝被蛇咬，十年怕井绳"一语始见于《五灯会元·龙门远禅师法嗣》："问：'狗子还有佛性也无？'赵州道：'无意者如何？'师曰：'一度著蛇咬，怕见断井索。'"亦作"一年被蛇咬，三年怕草索"。

《初刻拍案惊奇》卷一载："文若虚道：'一年被蛇咬，三年怕草索。说到货物，我就没胆气了。只是带了这些银钱回去罢。'"亦作"一夜被蛇咬，十日怕麻绳"。清·李绿园《歧路灯》七三回也写道："真真'一夜被蛇咬，十日怕麻绳'光景。"亦作"一朝被蛇咬，三年怕井绳"。

蛇与草绳，两者原本是风马牛不相及的事物，但这句俗语却把它们联系在一起，缘由是有人偶然一次被蛇咬伤之后，对蛇产生了恐惧心理，每当看到井台上用来汲水的绳子，都把这草绳当作一条蛇在蠕动爬行，每每受到惊吓。

人们常用这个俗语来比喻在某件事情上被人欺骗，使自己遭受损失或危害，自此以后，再遇到类似的情况，仍然担心再吃亏上当，在心里留下了恐惧的阴影。

水至清则无鱼，人至察则无徒

"水至清则无鱼，人至察则无徒"出自《大戴礼记·子张问入官》："故水至清则无鱼，人至察则无徒。"又见《汉书·东方朔传》："水至清则无鱼，人至察则无徒……举大德，赦小过，天术备于一人之义也。"

汉时，班超作为汉朝节使，出使西域三十余年，团结了几十个国家，抵御了匈奴的入侵，保证了"丝绸之路"的畅通，纵横无敌，威名远扬，被封为定远侯。但他待人过严，对部下过于计较，不能原谅别人偶然的过失，所以人们虽然佩服他、敬重他，却不爱他，也不喜欢在他手下工作。因此有个朋友劝告他："你听过这样的谚语没有？'水至清则无鱼，人至察则无徒。'你要求过于严格了，做你下属的人怎么能安心呢？还是大处着眼，只要不是大错就原谅一些。"班超听从了这个劝告，果然人们就对他又敬又爱，也安心工作了。

后人用"水至清则无鱼，人至察则无徒"来比喻水太清洁，没有浮游生物，会导致鱼无食而不能生存；人太苛察计较，也就找不到愿意跟从他的人。

笑骂由他笑骂，好官我自为之

此语出自《宋史·邓绾传》。

北宋时期，有一个人叫邓绾，字文约，成都双流人。他考取进士后不久，升迁为职方员外郎。宋神宗（赵顼）熙宁三年（1070年）的冬天，任宁州通判。当时，王安石受到神宗恩宠，大权在握，推行变法。邓绾想巴结王安石，上书皇上，就数十件政事提出建议，学着王安石的调子说，大宋已经兴盛百年，天下太平，大家都习惯于安逸，不认真治理政事，应当进行变法改革。接着，又上书皇上，露骨地吹捧王安石等人变法的主张，说："陛下的贤相（王安石）就像伊尹辅佐商汤、吕尚辅佐周武王一样，尽心尽力辅佐陛下，功勋卓著。并且，推行青苗法、免役法等，老百姓莫不欢欣鼓舞、载歌载舞地歌颂陛下的恩泽。就拿我所见到的宁州来看，知道一路上都是这样；从这一路的情况来看，可以知道全国都是这样。宰相推行的新法，是世上从来未有过的良法。希望陛下不要被各种反对的意见所左右，坚决把新法推行到底！"他写了一大堆好话，都是为了谄媚王安石。又写信给王安石，极尽阿谀奉承之能事。

吕尚（姜子牙）画像

王安石把邓绾举荐给宋神宗，神宗立即命令邓绾骑驿马赶来，进行谈话。神宗向他问起王安石和另一个大臣吕惠卿，他却否认自己认识王安石。神宗说："王安石是当代圣贤啊！吕惠卿是贤德之人。"可是退朝之后，邓绾去见王安石，像老朋友一样亲热无比。因此，他被任命为集贤院校理、检正中书孔目房公事。在京的同乡人听到这个消息后，都嘲笑他、辱骂他，邓绾却满不在乎地说："笑骂任你们笑骂，好官还得由我来做。"

"笑骂由他笑骂，好官我自为之"就是从这个故事来的。人们用它形容为求取名利，行为卑污，厚颜无耻，对别人的讥讽置之不顾。

衙门口朝南开，有理无钱莫进来

旧时官员办公的机关叫衙门，它的正门都是面朝南开，阳光照进高大的建筑，显得亮堂又庄严。衙门里主管审理案件的官吏，端坐在大堂之上，堂上明镜高悬，让人感到阳光照到的地方没有黑暗存在。其实这是人们的一厢情愿，在那政治黑暗、吏治腐败的封建社会，官府朝南开的大门，犹如一张吃人的虎口，官吏们也形同一只只吃人的饿虎。老百姓打官司告状，就要准备好金钱或财物，先向有关人员进行疏通，还要打点好上上下下的属吏和差役，更要给主管的官吏主动送去足够的金银，才有希望得到有利

清代总理衙门

于自己的裁断。还有个俗语叫"屈死不告状，饿死不做贼"，就是说宁肯受委屈，也不告状，因为可能会倾家荡产。

没有钱物，即使有理也会变成无理；有了钱物，无理也会变成有理；面对是非不问、黑白不分、只懂得伸手拿钱的官吏，穷人再有理也休想打赢官司，因此总结出这句"衙门口朝南开，有理无钱莫进来"的俗语，以此抨击与揭露官府的黑暗和腐败。

趣味链接：
为什么古代公堂打人只打屁股？

在封建社会，如果衙门要鞭打犯人，总是让衙役打屁股，直打得皮开肉绽方才罢手。为什么在公堂上打人，都打屁股而不打其他部位呢？

原来，从前鞭打犯人，并没有明确的部位，一般是把犯人掀翻在地，棍子就劈头盖脸地打下来，这造成很多犯人被活活打死。后来，唐太宗李世民在太医那里见到一幅"明堂针灸图"，他见人体很多重要器官的穴位都在胸背部，这些部位被撞击拍打会有生命危险，而屁股上的重要穴位就少得多了，于是李世民便在刑罚中做了规定，只要是鞭打犯人，都只能打屁股，而不能打其他部位。

第五章 讽刺谚语，风趣之间有针砭

　　讽刺是门语言艺术，是指用近似尖酸刻薄的言语直接打击对方的弱点和要害，达到打击对方、激怒对方的目的。

　　鲁迅是讽刺大家，我们看看他是如何看待"讽刺"的。在《且介亭杂文二集·什么是"讽刺"》中鲁迅对"讽刺"一词做了解释："一个作者，用了精练的，或者简直有些夸张的笔墨——但自然也必须是艺术的——写出或一群人的或一面的真实来，这被写的一群人，就称这作品为'讽刺'。'讽刺'的生命是真实；不是曾有的事实，但必须是会有的实情。"

　　在民谚俗语中，讽刺性的俗语占的分量不小，因为俗语是一个民族的语言精华，用俗语来讽刺人，既加强了表达力，又可以显示自己的风趣、幽默。

　　在民谚俗语中，有讽刺假的："照葫芦画瓢"；有讽刺恶的："小巫见大巫"；有讽刺丑的："家丑不可外扬"；有讽刺矮的："矮子看戏，随人叫好"；有讽刺穷的："铁公鸡"。这类讽刺性的民谚俗语有很多，本章选取了一部分常见的、常用的。不过讽刺性言语要慎用，要分场合、分人物，不能为了幽默、为了解气一概而论，要活学活用，慎之又慎。

浪　子

　　"浪子"一词语出《宋史·李邦彦传》。

　　北宋大臣李邦彦，才华出众，性情豪爽，风流潇洒，一表人才，写起文章来思路敏捷，文笔精巧。然而，他曾生活在民间，待人接物也有一套办法，善于应对，反应也快。他善于唱曲逗乐，能踢皮球，常把街头巷尾流传的俗语编缀成词曲，人们争相传唱，因而他给自己取名叫"李浪子"。

李邦彦担任宰相时，没有什么建树，只是阿谀顺从、巴结谄媚，占个官位而已，京城里的人把他称为"浪子宰相"。

"浪子"就是从这个故事来的，后来人们用"浪子"指代不务正业的游荡子弟。

上 当

现在人们把被欺骗、被坑害的行为叫作"上当"。这一词的由来还有一段故事哩！

从前，清河一姓王的富户，在城里开了一个当店。经过世代流传，当店越来越大。但各房族人懒于营业，各人都将自己名下的一分资金作股存在店里，另选择一人主持典当生意。各股东还从自己家里拿一些无用的闲物件，到自家的当店里来典当，还各人自己估定高价。伙计见来典当的人是本族的股东老板，只好如数付给。众多的族人都来敲诈，典当的资本被诈骗得所剩无几，一家资源充盈的当店因此而破产。时人见此情状，就编了一句话，流传很久："清河王，自上当。"将物件质押于当店叫上当。因为王氏家族自己骗自己，终于付出了代价。

倒 霉

"倒霉"最初是写作"倒楣"。据考证，"倒楣"一词大约出现在明朝后期。明朝因袭隋唐以来的科举取士制度，科举成为读书人出人头地的唯一出路。因此，科场内的竞争也相当激烈。虽然明朝有相对完善的监考制度，但仍然无法遏止作弊现象。一般读书人想在科场中胜出，是极为不易的。为求吉利，在科考前，有考生的人家会在门前竖起旗杆，以此为考生打气壮行，

乾隆时期状元胡长龄的状元匾，藏于南通博物苑

当时人称这旗杆为"楣"。如果揭榜后，谁家考生榜上有名，旗杆就照样竖着；如不幸失利，该考生家人就把旗杆放倒，叫"倒楣"。后来，因"霉"和"楣"同音，加上"霉"字本来就有不吉利的意思，慢慢地，就习惯于把"倒楣"写成"倒霉"了。

傻 瓜

"傻瓜"是一句贬损人的话，常被用来责骂老实而不知变通的人。可是，人们为什么把愚笨之人称为"傻瓜"而不叫别的呢？比如"傻菜""傻果""傻豆"？

我国著名历史学家顾颉刚先生曾对此做过考证，认为它的由来与"瓜子族"有密切的关系。

在我国古代，秦岭地区有一地取名"瓜州"。据《左传》记载，范宣子曾对晋国国君说："姜戎氏，昔秦人迫逐乃祖吾离于瓜州。"意思是，姜戎氏祖先吾离被秦军赶到了瓜州。后来，人们把聚居在瓜州的这些姜姓称为"瓜子族"。瓜子族人老实、勤劳，受人雇佣时，一天到晚不停地干活，决不偷懒。有些人把他们的老实、勤劳误认为"傻"，又因为他们是"瓜子族"，所以就称他们为"傻瓜"。清代的《仁恕堂笔记》也记载："甘州人谓不慧子曰'瓜子'。"现在，甘肃、四川一带的人们，还称不聪明的人为"瓜子""瓜娃子"。

王 八

关于"王八"这个名称的来源，以往曾有各种各样的说法。如有人根据《新五代史·前蜀世家》的记载，说"王八"指的是五代十国时的前蜀主王建。因为王建年轻时乃是个无赖之徒，专门从事偷驴、宰牛、贩卖私盐的勾当，王建在兄弟姊妹中排行第八，所以和他同乡的人都叫他"贼王八"。但该说中的"王八"却非民间所忌讳的"王八"。

民间所忌讳的"王八"，指的是乌龟。因为"王八"即乌龟的别名（民间俗称乌龟为"王八"）。为什么乌龟又叫王八呢？这只要读一读《史记·龟策传》就明白了。在这篇由西汉史学家褚少孙增补的《龟策传》中，作者根据远古时代三王、五帝以"神龟"和蓍草卜筮的传说，将"神龟"分为八种。每一种都有一个名称，第八种名为"王龟"，于是，后人便将这列在第八位的"王龟"简称为"王八"。久而久之，"王八"也就成了乌龟的别名，人们也常将乌龟与王八放在一起连用。如明代郭勋编的《雍熙乐府》中有一首《叨叨令兼折桂令》，就将"龟儿"和"王八"连在一块，用来指同一种人："虾儿腰，龟儿辈，玉连环系不起香罗带；脊儿高，绞儿细，绿茸毛生就的王八盖。"由此可见，所谓"王八"指的就是乌龟，是乌龟的别名。既然乌龟又俗称"王八"，那么人们忌讳称呼"乌龟"的同时也就必然要忌讳称呼"王八"了。

趣味链接：

"王八蛋"与"忘八端"

"王八蛋"是民间常用的一句骂人的俗语，表轻蔑之意。实际上，这一俗语是"忘八端"的谐音。古时的"八端"是"孝、悌、忠、信、礼、义、廉、耻"，此"八端"为做人之本，忘记了这八端即忘记了做人的根本，那忘记"八端"的人即被骂为"忘八端"。后来，"忘八端"这一俗语竟被以讹传讹，变成了"王八蛋"。

铜 臭

"铜臭"一词，一般理解为对金钱的憎恶和对富人的鄙视，人们如果批评某人太爱钱，就称之充满了"铜臭气"。"铜臭"一词自然成了一个贬义词，后人常用"铜臭"来讥讽有钱的人。关于"铜臭"一词的由来，这里还有一个典故。

据《后汉书》记载：东汉灵帝时，朝政昏暗，宦官擅权，公开卖官鬻爵，上自公卿，下至县令，按职论价，都在拍卖之列。一时求官者竞相奔走，俨如负贩。当时颇有令誉的崔烈，经不起高官厚禄的诱惑，也"走后门"，通过宫

汉代五铢钱

中保姆，捐给朝廷五百万钱（相当于黄金五百斤），得任司徒，名声因而一落千丈。由于司徒与太尉、御史大夫合称"三公"，是掌握军政大权、辅助皇帝的最高长官，所以，人们虽对崔烈的丑行议论纷纷，但当着他的面谁也不敢谈及此事。

一天，崔烈问儿子崔钧："吾居三公，于议者何如？"意思是说，人们对我当上三公有何议论。崔钧据实相告："论者嫌其铜臭。"那么，为什么以钱买官就铜臭呢？原来封建时代科举取士也必须经过层层考试，多少还有些量才录用、公平竞争的机制，而买官的人绝大多数有财有势却又无才无德，他们凭关系网，凭几个臭钱，乘直升机骤得美任，戴上乌纱帽，这就使得铨选失衡，人才受屈，士气摧折了。而且，买官的人花巨款投资，一旦官位到手，当然想得到补偿和获利，于是贪污受贿，敲诈勒索，无所不为。

人们鄙薄铜臭，也并不一概鄙薄金钱和有钱的人，只是对钱权交易和以钱买官的人深恶痛绝而已。

溜须

现在人们往往以"溜须"一词来形容那些献媚取宠的行为，提起这一词的由来，还有一段笑话呢！

据传，宋真宗时，靠献媚取宠爬上宰相之位的丁谓，有一次与老宰相寇准在一起吃饭。丁谓看到寇准的胡须上粘了一些饭粒，便亲自上前为寇准溜须拂拭，并对其胡须加以盛赞，原以为这样会博得寇准的欢心，殊不知为官清廉、刚直不阿的老宰相深知此人心术不正，忍不住哈哈大笑道："难道天下还有溜须的宰相吗？""溜须"一词由此而来，从而流传至今。

混 账

"混账"由"混帐"演变而来。"混账"与蒙古包有关。古代，我国北方的蒙古族过着群居的游牧生活。为了维持生计，他们经常带着帐篷式的蒙古包，赶着牛羊和马群，到处游荡；碰上有水草的地方便支起蒙古包，定居下来。

白天，男人们去放牧，留下老人或妇女看守帐篷。这时，在家的一些年轻小伙子为了找年轻姑娘谈情说爱，就乱窜帐篷，混进姑娘帐篷里去。如果帐篷里没有其他人，他们就尽情地又说又笑，眉来眼去。如果碰上老头也在那儿，年轻小伙就会笑嘻嘻地说一声："啊！对不起，我走错帐篷了。"急忙红着脸退出来。碰上严厉的老头，待小伙子刚跨进帐篷时，老头就会愤怒地骂一句："你又混帐了！""混帐东西，又来了！"年轻小伙子自讨没趣，急忙退出帐篷。

后来，"混帐""混帐东西"就渐渐地变成了令人气愤至极的"混账"这一骂人的话了。

装门面

"装门面"比喻制造表面繁荣、好看的假象以掩盖衰败、空虚的本质。语出曹雪芹的《红楼梦》。

贾府逐渐走向没落、衰败时，一次，贾政亲自来查账，那管账的家人将近年支用簿子呈上。贾政看时，所入不敷所出，又加上连年宫里花用，账上多有在外浮借的。再查东省地租，近年所交不及祖上一半，如今用度比祖上加了十倍。贾政不看则已，看了直跺脚道："这

清代孙温绘《红楼梦》贾政游大观园图

还了得!"众人知贾政不知理家,也是白操心瞎着急,便说道:"老爷也不用心焦,家家都是这样的。若是统总算起来,连王爷家还不够过的呢,不过是装着门面,过到哪里是哪里罢咧!"

碰钉子

"碰钉子"之说其由来有二:

一是说封建时代的衙门、官宦人家宅邸的大门上都有"门钉",老百姓常在这地方受制于人,门难进、事难办、脸难看,被却之门外,谓之"碰了钉子",或说"碰了一鼻子灰"。元杂剧《西厢记·寺警》一折:"我撞钉子,将贼兵探知。"可见元代时已有"撞钉子"一语。

还有一说,"碰钉子"是青洪帮中洪门的切口(隐语行话)——"碰到钉字",意为遇见对头。"钉子"与"钉字"互为谐音,且意义又基本相同,所以,就以讹传讹,将易于理解的"碰钉子"一语流传开来。

闭门羹

"闭门羹"意为拒客。但"闭门"何以与"羹"联系起来呢?"闭门羹"一语见唐代冯贽《云仙杂记》所引《常新录》中的一段话:"史凤,宣城妓也。待客以等差……下列不相见,以闭门羹待之。"

原来,唐代宣州城出了一位名妓,艺名史凤,轰动一时,方圆百里的贵胄子弟、风流才子都以一睹史凤芳容为快。

史凤不仅有沉鱼落雁之貌,而且有一副迷人的金嗓子,舞姿更是令人倾倒,赋诗、抚琴、泼墨、作画无不精通,公子哥儿们不惜千里迢迢,重金求见。然而史凤却恃才清高,对他们手中的金银不屑一顾。她重才不重金,把前来求见的人以品貌、才学分成三六九等,若是纨绔子弟、不学无术之辈上门,则统统被拒之门外。久而久之,一些公子哥儿们对她怀恨在心,四处造谣中伤史凤,聪明的史凤虽然对此充耳不闻,但是仍然想堵一堵他们的臭嘴。于是,她让人准备了粥汤,被拒之门外的人一律送一碗。后来上门求见者只要一看见

清代上海名妓

摆上粥汤，就知道史凤不愿接待，知趣地离开了，心中虽然十分不满，但也无话可说。

后来人们把"闭门羹"泛指拒绝客人进门，回避不见。可惜现代拒客，则只有"闭门"而没有"羹"了。也有用来指拜访他人时，主人不在，自喻吃了"闭门羹"的。

出风头

人们常把那些华而不实、招摇过市、沽名钓誉的行为叫作"出风头"。

相传，光绪十八年（1892 年），闵行区城内数四马路最繁华。四马路上有座"青莲阁"，一帮游手好闲的纨绔子弟整日在那里胡混，"青莲阁"旁有一家"升平楼"茶座，附近棋盘街一带也开了"奇芳居""同兴居"茶馆。下午三四点钟后，这里笙管弦乐，笑语嘈杂，车水马龙。最惹人注目的是打扮得花枝招展、忸怩作态的妓女，她们坐在马车上，从大马路绕黄浦滩到四马路兜圈子，她们把这种招摇、卖弄的行为称为"出风头"，爱赶时髦的阔人及其小姐、少爷也雇辆马车，出出"风头"。这样，"出风头"便成了上海滩的一道风景。

此后，"出风头"被指作一些华而不实、招摇过市、沽名钓誉之类的行为，一直沿用至今。

安乐窝

"安乐窝"意为舒适的住处，也指安闲的环境。语出《宋史·邵雍传》。

中国古代的知识分子讲求道德修养，认为能安于贫贱、保持高洁的操守很值得提倡。宋代有一位儒者叫邵雍，他刚到洛阳城居住时，因为贫困，住的是破烂的草屋，只能勉强遮风挡雨。而且，他还得上山砍柴，自己动手做饭，侍奉父母。尽管日子过得很艰难，但邵雍却安贫乐道。他还将自己破旧的小草屋命名为"安乐窝"，而且自号"安乐先生"。自此，"安乐窝"作为一个熟语流传下来，现在，"安乐窝"当然指的不是像邵雍那种破旧的房屋，而是指舒适的豪宅。

安乐窝本指一种安贫若素的生活，后来引申其意，用来专指那些安逸舒适的生活环境，或指代个人生活享受的小天地，色彩由褒而贬，成为一种惯用语。

应声虫

"应声虫"通常比喻那些毫无主见、只会随声附和别人的人。语出自宋人彭乘的《续墨客挥犀》。

从前有个叫杨勔的人，得了一种很奇怪的病，每讲一句话或发一个音，肚子里总会传出同样的那句话或那个音，像回声一样，弄得他整天忧心忡忡，不敢上街买东西，不敢同朋友吟诗论文，甚至在外迷了路也不敢向人询问。

有一次，一位生客来拜访杨勔，杨勔刚说了声"请坐"，肚子里就回应了句"请坐"，茶端上来后，杨勔无奈，说了声"请用茶"。这回肚子里回应的声音很响，引起了客人的好奇。客人四处张望，寻找那个学大人话的"顽童"，搞得杨勔面红耳赤，好不难堪。

杨勔到处求医，不知服了多少药，都不见效，肚子里的回声反倒更响了。

最后，杨勔遇见一个叫刘伯峙的人。刘伯峙告诉他："你肚子里有一种虫，叫'应声虫'。你只须将《本草纲目》上的全部药名依次念下去，你念一个，它必定会应一声；倘若你念到一个药名，它不再应和了，那么，这味药就是治它的特效药。"

杨勔便找来一本《本草纲目》，一个药名一个药名地往下念，当他念到"雷丸"时，肚子里突然不响了。杨勔大喜，一连将雷丸服了好多天，终于使纠缠他多年的顽疾根除了。

这只是个传说，不能当真。不过，"应声虫"这个俗语也就流传开来了，而且被"赋予"了一个不好的"名声"。

三脚猫

人们常用"三脚猫"来形容在技艺上略知皮毛而不甚精通的人。

"三脚猫"一词，出自元末明初陶宗仪的《南村辍耕集》："张明善作北乐府《水仙子》讥时云……说英雄，谁英雄；五眼鸡，岐山鸣凤；两头蛇，南阳卧龙；三脚猫，渭水非熊（非熊即飞熊）。"文中的"三脚猫"是一种动物。

后来，明朝人郎瑛在《七修类稿》中记载："嘉靖间，南京神乐观有三脚猫一头，极善捕鼠，而走不成步。"捕鼠是猫的专职，"三脚猫"的本职技能相当不错，却"走不成步"，难怪郎瑛接着解释道："俗以事不尽善者，谓之三脚猫。"后来，"三脚猫"就成了技艺不精的代名词，并一直沿用至今。

冷板凳

上海人的家里，如有不速之客登门，主人又不甚愿意接待，就会出现主人不与客人多攀谈，宾主相对枯坐，弄得来客十分无趣只得起身告辞的场面。这在上海话里叫作"冷板凳"。

旧时唱戏场面

　　旧社会戏台上唱戏，道具多为靠椅子，至于板凳，那是放在下场门一侧，是敲锣鼓的场面上人坐的。台上唱戏，锣鼓一敲，场子里顿觉热闹，故戏院有个老规矩，开大幕前，先来一番锣鼓，叫闹闹场。台侧有锣鼓，场面上人坐着，那几条板凳当然就会被坐热，这时候，场面当然也就会热闹起来。如若没有场面锣鼓，演员只能清唱，这场子就显得冷清，这台侧的几条板凳当然也是冷的。故开始时，作为一句梨园行话，将清唱称为"冷板凳"。

　　后来，传说有个叫小三儿的演员到上海唱戏。这个演员会的戏多，扮相俊美，在北方是很叫座、很热门的一位。可是在旧上海滩，地痞流氓把持着戏馆，小三儿到上海自恃活儿好，没有把这些流氓招呼周到，这伙流氓就想法整治他。小三儿登台那天，戏院门口也不给出大广告，甚至广告牌前的灯都不给开。当时的戏院、游乐场都出一种小报，类似现今的戏单，用以介绍演员及戏码。但小三儿的演出，戏院里连一张小报都不见。开场时，场子里冷冷清清，只有场子后边标价低廉的高脚凳上有些观众，而前面的座位上只稀稀拉拉地坐着几个流氓，对着台上乱喝倒彩。及至换场的时候，竟又将椅子换下，放了条板凳在舞台中央，这下弄得全场大哗，戏也唱不下去了。此事一出，立即传遍了上海滩，"冷板凳"一说在上海流行起来。

二百五

日常生活中，"二百五"往往指那些傻瓜或说话不正经、办事不认真、处事随便、好出洋相的人。但"二百五"的由来说法不一。

一说来源于战国时期的一个故事。苏秦是战国时的一个说客，他身佩六国相印，一时很是威风，但也结下了很多仇人。后来，他终于在齐国被人杀了，齐王很恼怒，要为苏秦报仇，可一时拿不到凶手，于是，他在城内外贴榜文说："苏秦是个内奸，杀了他黄金千两，望来领赏。"榜文一贴出，就有四个人声称是自己杀了苏秦。齐王说："这可不许冒充呀！"四个人又都咬定说是自己干的。齐王说："一千两黄金，你们四个人各分得多少？"四个齐声回答："一人二百五。"齐王拍案大怒道："来人，把这四个'二百五'推出去斩了！""二百五"一词就这样流传下来。

还有另一种说法与推牌九有点关系。原来，牌九（旧时的一种赌具）中有"二板"（四个点）和"幺五"（六个点）两张牌，这两张牌配在一起就是十个点，在推牌九这一赌博活动中，被称为"毙十"。

因为它在牌九里是最小的点，谁都比它大，它什么牌也"吃"不了，所以人们就用"二板五"（二板和幺五的简称）这个词来戏称什么事也做不好也管不了的人。时间久了，就把"二板五"叫成"二百五"了。

穿小鞋

小鞋是一千多年前南唐后主李煜的"专利"。他别出心裁地命令宫女用很长的白布缠足，把脚缠成又小又尖的弯弯"月牙儿"，站在画有荷花的金莲台上跳舞，让自己观赏享乐，所以这种脚又叫"三寸金莲"。后来全国便兴起了妇女缠足的风气。缠足后，脚小了，当然只能穿小鞋了。从那时起的一千多年，汉族妇女一直保持着这种缠足陋习，直到中华人民共和国成立，缠足陋习才真正意义上被消除。

旧时男女婚姻自己做不了主，全凭媒人之言，父母包办。媒婆们说媒时，都会提出要女方的鞋样子，为的是向男方提供女方缠足的证明。

民国时期的小脚女人

一旦男方同意了亲事，就留下此鞋样儿，按此样尺寸做一双绣鞋连同订婚礼物一起送到女方家。成亲那天，新娘必须穿上这双绣鞋，以证明女方缠足的真实性。女方如果当初故意把尺寸弄小，自然就穿着不舒服，甚至穿不上，从而出丑。

后来，人们把这一风俗引申到社会生活中，把那些在背后使坏点子整人，或利用某种职权寻机置人于困境的行为叫作"给人穿小鞋"。

趣味链接：

三寸金莲

"三寸金莲"是我国古书里描写女人纤细小脚的代名词，它的由来很有趣。

据《南史》记载：南齐废帝东昏侯骄奢淫逸，有一次，他命人用金子凿成莲花，贴到地上，然后让他的宠妃潘妃在上面行走，东昏侯边看边高兴地说："此乃步步生莲花。"从此，人们就用金莲比喻女人的脚。

三寸金莲属于古代的审美习俗，它源于"女子以脚小为美"的观念。女子到了一定年龄，用布带把双足紧紧缠裹，最终构成尖弯瘦小、状如菱角的锥形。双足缠好后，再穿上绸缎或布面的绣花的尖形小鞋（弓鞋），此即为"三寸金莲"。

花架子

"花架子"就是指那些花哨而不实用的武术动作，比喻外表好看但缺少实用价值的东西。"花架子"来源于一个有趣的故事。

传说，元代黄道婆的纺织技术名扬天下，在她的带动下，当地男女老少都会织布。当地有个姓李的穷秀才，自命清高，不管父母怎么说，他就是不去学习纺织技术。后来这位李秀才到浙江湖州当了一名私塾教师，勉强混口饭吃。其实，湖州也是个纺织之乡，村里人知道新来的李秀才是黄道婆家乡的人，就纷纷找他请教纺织新技术。这下可把李秀才难坏了，可是他又不愿意承认自己不懂纺织技术，于是便欺骗大家说自己虽然不会纺织，但可以把织机图纸画出来。村民们便信以为真，高高兴兴地请来木工，照着图纸做了一架纺织机。可是，村里再灵巧的织妇也不会使用它织布，后来，黄道婆的新式织机传到这里，人们才知道李秀才画的织机中看不中用，所以人们就把它叫作"花架子"。

吹牛皮

"吹牛皮"一语，自古以来，流传甚广，它究竟是怎么来的呢？

古时候，黄河的上游水流湍急，巨浪滔天，一般的木船很难在水中行驶。然而，地处黄河上游的西北地区，畜牧业非常发达，牛羊成群，人们就利用这些优势，用牛皮、羊皮制成袋子，用四五个皮袋组成一个"皮筏子"作为渡河工具。因当时没有打气的工具，每次下水之前，人们要用嘴把各个皮袋用力吹足气。用完后，还要把气放掉，下次用时再吹。这种"吹牛皮"的活计实有其事，至今仍有乘牛皮筏渡黄河者。吹皮筏的活儿是很累的，所以在这一带，当人们对说大话的人感到不耐烦时就会说："你若有真本事，就到黄河边上去吹牛皮怎么样?!"

唐代韩滉《五牛图》（局部）

清代郎世宁《雪点雕图》

以后，人们就把说大话、夸海口叫作"吹牛皮"，把说大话的人叫作"牛皮"或"牛皮大王"，这些词也就成了众所周知的俗语。

拍马屁

"拍马屁"一语是由蒙古族创造的，后来在汉族中流传开来。古代蒙古人凡是牵马与别人相遇，就要互相拍拍对方的马屁股，并连声道："好马，好马。"此举用来表示赞赏和友好，并无阿谀逢迎、谄媚巴结之意。

但在那时，也的确有些趋炎附势之人，只要遇到王公贵族牵的马，不管马的好劣，总要跑上去拍一拍马屁股，点头哈腰，连声赞叹。久而久之，"拍马屁"再也不是示以友好的意思了，人们称那些阿谀奉承的行为为"拍马屁"。

铁公鸡

"铁公鸡"比喻极其吝啬的人。这个惯用语出自清代袁枚的《子不语·铁公鸡》。

古时候有个人十分小气，他的衣服总是破了补，补了穿，从来舍不得做一件新的。他吃完饭之后，总要把碗舔一遍，舍不得扔掉一颗饭粒。村上人家结婚，家家都要送些礼物去祝贺，他家并不穷，但是他送的礼物总是最寒酸的。

有一次，村上的一个人得了急病，请了大夫来看病，大夫开完药方后说，这味药在煎时要两根七寸长的公鸡毛做药引子。病人的家属找遍了全村都没有找到大公鸡。忽然有人想起这个小气的人家里每天都有一只公鸡打鸣，叫声很大，想必他家有一只大公鸡。

病人的家属来到这个小气的人的家里后，果然见一只大公鸡在院中啄食。

但他一听要拔他家公鸡的毛便十分不乐意。在病人家属的再三请求下，他才说："这样吧，病人需要吃鸡补养身体，我这只鸡也正想卖。你们就出五钱银子把这只鸡买去吧。"那家人因急着要以鸡毛做药引子，只好花五钱银子买走了那只大公鸡。其实，在市场上买这样的鸡，连二钱银子都用不了。

后来，村上的人都说他家的鸡都像"铁公鸡"一样，一根毛都拔不下来。这个故事慢慢流传开来，并演化成了"铁公鸡——一毛不拔"的民谚。

想当然

语出《后汉书·孔融传》。

汉献帝时期，孔融任北海相，后来到朝廷里当了太中大夫。他为人正直，不肯阿谀奉迎，又谈锋锐利，批评别人不留情面，也常常因此得罪人。

当时，群雄割据，军阀混战。建安五年（200年），曹操在官渡之战中大败袁绍，袁绍战败后吐血而死。他的统治区由两个儿子袁谭、袁尚接管。袁谭驻守黎阳，袁尚镇守邺城。建安八年（203年），曹操挥师渡过黄河北进，一举攻克黎阳。第二年，曹操以重兵围困邺城，在城的四周挖深沟，灌水围城几个月，终于攻破邺城（今河北临漳县北），袁尚逃往幽州，去投奔他的另一个哥哥袁熙。不久，袁熙、袁尚也濒于失败，便放弃幽州，逃往塞外，投奔乌桓去了。

故事说，袁氏集团崩溃后，袁氏家族的妻女多被侵掠霸占，曹操的儿子曹丕私下收纳了袁熙的妻子甄氏。孔融对此很不满，于是给曹操写了一封信，讽刺说："武王征伐商纣王，把他的爱妃妲己赐给了德高望重的周公。"其实，武王打败商纣王之后，认为妲己是导致亡国的不祥之物，把她杀掉了。曹操不明白这是讽刺，后来还问这事记载在什么典籍上，孔融回答："以今度之，想当然耳。"就是说用眼前的事例来推测，想必会发生那样的事。

孔融多次讽刺曹操，曹操极为恼火，终于把他杀掉了。

"想当然"就是从这个故事来的。它的意思是凭主观想象，认为事情如此。

清代吉祥羊雕塑

替罪羊

此俗语源自《孟子》。《孟子·梁惠王上》中载："王坐于堂上，有牵牛而过堂下者。王见之，曰：'牛何之？'对曰：'将以衅钟（注：新钟铸成，宰杀牲畜，取血涂钟的仪式）。'王曰：'舍之！吾不忍其觳觫，若无罪而就死地。'对曰：'然则废衅钟欤？'曰：'何可废也，以羊易之。'"

齐宣王不忍心看见牛恐惧战栗的样子，而命以羊替换牛来祭钟，也就有了"替罪羊"的说法。

千夫指

"千夫指"原意为一个人被众人所痛恨，后来引申为众怒难犯。此语出自《汉书·王嘉列传》。

西汉哀帝时，侍中董贤特别善于阿谀奉承，常根据皇上意愿，投其所好，所以深得皇帝的宠信，22 岁就当上了大司马。董贤凭借皇上的恩宠，在朝中为所欲为，许多权臣都得让他三分。他公然把国家收缴的大量物资私自送给自己的亲朋好友，还带头囤积居奇，牟取暴利。他的这些无道行径，引起了当时朝野上下的普遍反对，全国议论纷纷，大臣纷纷上书指责董贤。但哀帝不但不制止，还庇护他，并且还要加封董贤土地两千顷。丞相王嘉对哀帝说："皇帝要加封董贤，引起了天下人的不满。董贤强占民田，奢侈放纵，这是人所共知的。如果加封他，恐怕要失去民心，我看还是慎重些好！"哀帝听了很不高兴，但觉得大臣都反对，便默不作声。

时隔不久，哀帝便借口傅太后有遗诏，要赏赐董贤，又重提加封董贤的事。王嘉再次反对，他劝谏哀帝说："爵位俸禄土地，是上天所拥有的，皇帝替天赐爵，应十分慎重；加封土地，也应给有功的人。否则，老百姓不服气，上天也会不满意，会降灾人间。董贤是佞幸之臣，贪赃枉法，假公肥私，而陛下却赐爵加封使他高贵，这样做，正直的人是不会为您效劳的。现在，天下人都恨董贤。俗话说：'被千人所指骂，没有病也得死。'（千夫所指，无疾而终）这是众怒难犯呀！望陛下明察众人所恨，顺应天下人的愿望。"

王嘉多次上书揭露董贤，所以董贤十分仇恨王嘉。他多次在哀帝面前诬陷王嘉，哀帝也日益疏远王嘉，后来以欺君之罪把王嘉下狱。许多大臣都上书为王嘉申辩，但哀帝不听。在狱中，王嘉仰天长叹："我身为丞相，却不能进荐贤才，黜抑小人，我对不起国家呀！现在我能为国家而死，死而无憾。"最后绝食吐血而死。

露马脚

"露马脚"是怎么回事儿，这得从它的来源说起。

传说，明太祖朱元璋幼时家境贫寒。为了糊口，不仅给财主放过牛羊，还在庙里当过和尚。后来，他加入了元朝末年起义军郭子兴的队伍。由于他作战勇猛，屡建战功，郭子兴很赏识他，于是将义女马氏嫁给了他。马氏是一个才女，精明干练，辅佐朱元璋实现了统一大业。朱元璋当上皇帝，建立起明朝后封她为皇后。

马皇后长得虽不十分漂亮，却也温柔端庄，举止大方。美中不足的是，她有一双没有缠过的"天足"。在以小脚为美的时代，女子以"三寸金莲"为贵，脚大是一大缺陷。马氏在当了皇后以后，越发地为自己的一双大脚感到不安。因而，在大庭广众下，总是遮遮掩掩，尽量避免将脚露出裙外。

有一天，马皇后游兴大发，乘轿招摇过市，浏览古都风景。百姓见皇后的舆轿过市，都翘首张望，想一睹皇后的风采。不料，一阵大风吹过，轿帘被掀起

故宫博物院珍藏的
朱元璋与马皇后画像

一角，马皇后的一双大脚赫然展现在百姓面前。人们惊讶不已，没想到当今皇后竟有这样一双大脚！人们争相传言，全城立刻轰动了。"露马脚"一词就这么流传开来。后人便将隐私或阴谋出现破绽或彻底败露称为"露马脚"。

还有史料记载，"露马脚"一词在唐代已出现，本为古代一种游戏。在节日庆典之时，将描绘好的麒麟皮装饰于驴或马身上，借以助兴。但马脚或驴脚难以包装掩饰，耍弄起来，难免露出马脚或驴脚来，有弄虚作假之嫌，"露马脚"一说就源于此。

趣味链接：

为什么帝王之妻称为"后"？

从我国历史上来看，自嬴政于公元前221年统一天下、始称"皇帝"起，"皇后"一词亦就随之出现。将皇帝的正妻誉为"皇后"，将其侧妻——妾称为"妃"。皇后，也有些古籍上简称为"后"，而尊称皇帝的母亲为皇太后，皇帝的祖母则尊为太皇太后。可是，为什么要称皇帝之妻为"后"呢？

"后"原为君主之意。在上古时代，"后"是帝王的称号。如大禹的儿子启称为"夏后氏"，还有传说中射日的羿，被称为后羿。约在周朝以前，天子之妻皆称为"妃"，周朝开始则称为"后"。

到了秦国，天子称皇帝，皇帝的正妻为皇后。

在中国宫廷里，皇后在后宫的地位就如同天子，是众妃之主，一切言行举止都得符合礼教的规范，以母仪天下，并制定妇礼。所以皇后在后宫如《周礼·天宫内宰》曰："王后帅六宫之人。"

从清康熙皇帝以后，清代的后妃制度逐渐完善，规定：将皇帝的祖母，称为"太

清代乾隆皇后富察氏画像

176

皇太后"；将皇帝的母亲，称为"皇太后"；将皇帝的正妻，称为"皇后"；皇后以下，设皇贵妃一、贵妃二、妃四、嫔六，贵人、常在、答应等则无定数。

两面派

两面派一般指口是心非、善于伪装的人。那么，"两面派"一词是怎么来的呢？

元朝末年，元军和朱元璋领导的义军在黄河以北展开了拉锯战。老百姓却感到苦不堪言，因为哪方的军队来了都要欢迎，在门板上贴上欢迎标语，来得勤换得也快。

豫北怀庆府人素来生活节俭，想出了一个简便易行的办法：用一块薄薄的木板，一面写着欢迎元军的"保境安民"标语，另一面写着欢迎义军的"驱除鞑虏，恢复中华"标语。哪方军队来了，就翻出欢迎哪方的标语，既省钱又方便。可是，他们想不到，这个方法后来竟招来了大祸。

有一次，朱元璋的部将常遇春率军进驻怀庆府，见到家家门口五颜六色的木牌上满是欢迎标语，心里十分高兴。可是突然一阵狂风刮来，木牌被风吹得翻过来，反面全是欢迎元军的标语。常遇春非常气愤，将挂两面牌的人满门抄斩。

后来，"两面牌"逐渐演变成为"两面派"一词。

炒鱿鱼

"炒鱿鱼"这个词，是形容工作被辞退、解雇甚至开除，要搞清这个意思，我们还得从古时候讲起。那时，被解雇的人是没有任何地方可以申诉的，一听到老板的通知，便只好卷起铺盖走人。所以被解雇的人，对"开除"和"解雇"这类词十分敏感甚至恐惧，觉得它太刺耳，于是有些人便用"卷铺盖"来代替。因为那时候被雇用人的被褥都是自带的，老板是不会提供的，离开时，当然要卷起自己的铺盖走了。

不知什么时候开始，人们忽然从"炒鱿鱼"这道菜中发现，在烹炒鱿鱼时，每块鱼片都由平直的形状，慢慢卷起来成为圆筒状，这和卷起的铺盖外形差不多，而且卷的过程也很相像。人们由此产生了联想，就用"炒鱿鱼"代替"卷铺盖"，也就是表示被解雇和开除的意思。这个说法沿用至今。

趣味链接：

吃无情鸡是被"解雇"了吗？

每月的初二、十六，备好鱼肉拜地主爷和财神爷，然后晚餐聚会，实际上就是半月或一个月一次例会，边吃边总结半个月或一个月的营业情况，俗称"打牙祭"。

在新年开市前的一两天（多为年初五），商店的老板们要召集全体伙计吃饭，由当家的总结上一年的情况并布置本年的工作，称"说话"。如果有不能胜任工作的伙计，即在正月初五"说话"时，予以辞退，因此，正月初五就成了让伙计们头痛的日子。

开宴了，桌上摆着一碟切好的白斩鸡，老板招呼大家入座后，首先向大家说一通过年的好话，然后，话锋一转故作沉重地哀叹当今生意如何如何难做，亏了多少本之类，接着便用筷子夹起一块鸡肉送到要被解雇的伙计碗里，道声："兄弟对不住了，请另找大财主发财吧！"如解雇一个伙计，就夹一块鸡肉，解雇几个伙计就分别送几块鸡肉，这是无情可讲的，因此被称作"吃无情鸡"。

之乎者也

"之乎者也"出自《湘山野录》，用来讥讽文人咬文嚼字，不讲实际。

宋朝的开国皇帝赵匡胤刚即位时，准备拓展外城，当他来到朱雀门前，看见门额上写这"朱雀之门"四个字时，觉得很别扭，就问身旁的大臣赵普："为什么不写'朱雀门'三个字，偏要写'朱雀之门'四个字？这个'之'字有什么用啊？"赵普告诉他："这是把'之'字作为语助词用的。"赵匡胤听后哈哈大笑，说："之乎者也这些虚字，能助得什么事情啊！"

后来，在民间便流传一句谚语："之乎者也矣焉哉，用得成章好秀才。"

胡说、胡闹

"胡说"一词来源于东晋之后。当时，鲜卑、匈奴、羯、氐、羌等北方少数民族先后统治中原地区，人称这一时期为"五胡乱华"。

以前，汉族统治者说话、办事完全依孔子的学说为根据，非礼勿言，非礼勿行。而胡人却不来这一套，完全按自己的意愿行事，他们说话、办事没有礼法根据，因而，汉族人把乱说和没有根据的话称为"胡说""胡话""胡扯"，即胡人之说也。后来人们用"胡说"来泛指没有根据的言论，"胡话"指神志不清时说的话，而"胡扯"则指闲谈或瞎说。人们取"五胡乱华"之"胡乱"二字，指称"胡人之乱"，后来"胡乱"演变成了没有道理、随便、马虎的意思。

"五胡乱华"也叫"五胡闹中华"。同样，汉人把乱闹、没有原则的闹事叫作"胡闹"，即胡人之闹。后来人们用"胡闹"来表示行动没有道理、无理取闹。

与此相关的词语还有"胡来""胡混""胡搞""胡搅""胡搅蛮缠""胡言乱语""逆胡乱常"，等等。

胡言乱语

古时统称周边地区与国家之人为"胡人"，其语言则称"胡语"。古时就语言讲，有"胡汉""梵汉"这样的对应称呼。

《高僧传》之《康僧会传》附《支谦传》说："谦以大教虽行，而经多梵文，未尽翻译，已妙善方言，乃收集众本，译为汉语。"又:《祐录》之《支谦传》："越以大教虽行，而经多胡文，莫有解者。既善华戎之语，乃收集众本，译为汉语。"（见郭良夫《词汇与词典》）

可见，"汉语"是对应"胡言""梵文"的叫法。

又：《世说新语·言语》："高坐道人不作汉语。"此人是晋永嘉年间来华的西域和尚，史书称他"性高筛，不学晋语。诸公与之言，皆因传译"。《隋书·经籍志四》："觉悟一切种智，而谓之佛……皆胡言也。"此"胡言"指梵语。

对于一个不懂外语的人来说，如果汉语中夹缠着外语，不仅难以理解，而且是十分痛苦的事。故"胡言汉语"有语无伦次、难解之义。

《五灯会元·黄檗志因禅师》："这二老汉，各人好与三十棒，何故？一个说长道短，一个胡言汉语。"

又：元佚名《村乐堂》二折："休听这弟子孩儿胡言汉语的。"

由此语义，再加上"汉"与"乱"音近，于是演变为"胡言乱语"，"胡"遂有"乱"之义。

不三不四

人们常称行为不端、不正派或不像样子的人为"不三不四"。明代施耐庵《水浒传》第七回就出现过这个成语："这伙人不三不四，又不肯近前来，莫不要撮洒家。"

据史料记载，古代将"天"为一，"地"为二（水陆合计为二），"天地"相加，成"三"。不仅作为一个数，而且还作为事物整体的象征。所以中外文学名著自古以来出现了许多"三部曲"以及"三进""三打""三气""三顾""三让"的故事情节。汉字也就有了三人成众、三木成森、三金成鑫、三水成淼、三直成矗、三日成晶、三口成品之类的变化，字意更趋完整。此外，还有许多名言，如"三十而立""三人行，必有我师""三省吾身""三思而后行""三个臭皮匠，赛过诸葛亮"等都与"三"有关，细细品味，其意义深远。

而对于"四"，则另有一番说法，谓之"周全""称心""事事（四四）如意"矣。故古诗以四式为主：五言、七言绝句，五律、七律；西天如来佛旁必是"四大金刚"；《西游记》中的唐僧、孙悟空、猪八戒、沙和尚四人为伍，西天取经；文房为四宝：纸、墨、笔、砚；古之文人操四艺：琴、棋、书、画；汉书写四体：真、草、隶、篆；楷书有四大家：颜真卿、柳公权、赵孟頫、欧阳询；《四库全书》：《经》《史》《子》《集》；北宋文坛有四大家：欧阳修、王安石、苏轼、黄庭坚；元曲四大名门：关汉卿、郑光祖、白朴、马致远；明代四大才子：唐伯虎、祝枝山、文徵明、周文宾；还有初唐四杰：王勃、卢照邻、杨炯、骆宾王。至于其他方面诸如"四季""四方"之类的，真是举不胜举。纵观"四"，可以发现，当时及后来人们评定的名人名言等远不止这"四"个名次，只是人们把"四"视为吉祥，取"四"名而呼之，成为习俗。

颜真卿楷书《自书告身帖》
（局部）

古代文化中的"三"与"四"，集中了劳动人民的智慧，是古代文化的结晶。"三"与"四"的用法，寄托了人们对美好事物的向往或赞誉。可见，形容行为不端之人为"不三不四"，就是这个缘由。

小巫见大巫

巫：巫师，巫婆，旧时装神弄鬼的人。小巫师见到大巫师，无法施展法术，比喻相比之下，显出高低。语出《三国志·吴志·张纮传》，裴松之注引《吴书》："所谓小巫见大巫，神气尽矣。"

三国时期，东吴长史张纮很有文采，能诗善赋，又擅长楷书和篆书，和另一个文人张昭同样出名。

张纮见到楠木、石榴木的枕头，喜爱其纹理细密，便为它们作赋。当时著名的文学家陈琳在北方见到了，高兴地拿给别人看，说："这是我的同乡张纮所作。"后来张纮见到陈琳所做的《武库赋》《应机论》后，写信给陈琳，对他大为称颂。陈琳回信说："自从我到了黄河之北，犹如与天下隔绝，这里的人们很少在文章上用心，所以容易被人注意，得此虚名，其实名不副实。如今景兴在河北，先生和张昭在江南，此所谓小巫见大巫，法术便无法施展了。"

后来人们便用"小巫见大巫"比喻两人的能力才干相去甚远，无法比拟。

一问三不知

愚昧无知、不学无术的人，常被斥为"一问三不知"。这"三不知"是从何而来的呢？"三不知"的说法最早出自《左传·鲁哀公二十七年》。

春秋时期，晋国荀瑶领兵围攻郑国。荀文子却认为在对敌情不了解的情况下，最好不贸然行事。他说："君子之谋也，始中终皆举之，而后入焉。今我三不知而入之，不亦难乎？"荀瑶不听劝阻，最终失败。

所谓"三不知"，就是对某一事情的开始、经过、结果都不了解。明朝人姚福在《清溪暇笔》一书中的说法也印证道："俗谓忙遽曰三不知，即始中终三者，皆不能知也。其言盖本《左传》。"

后来，人们就用"一问三不知"来形容那些什么都不懂，又不好学上进的人。

八字没一撇

"八字没一撇"原指没门儿，现在演变为没办法，没眉目，没头绪，不沾边。

"八字没一撇"最开始是用来形容男女婚姻的，"八字"是指男女的生辰八字。旧时有个俗称叫作"发八字"，即正式定亲之意。首先，男女双方家长请算命先生合生辰八字，若八字合，男方则选定黄道吉日与女方交换当事人的生辰八字，俗称"发八字"。在古代，男女双方的生辰八字要合，才能通婚。

"八字没一撇"这句俗语的由来是有一个典故的。

南宋理学家朱熹18岁登进士，历任枢密院编修官等职。在哲学思想上，他发展了程颐、程颢的学说，为理学之集大成者。在他写的《与刘子澄书》一文中说了这样几句话："圣贤已是八字打开了，人自不领会，却向外狂走耳。"这段文字的意思是通向圣贤的大门，早已敞开，可是人们并不领会，不但不进门，反而朝外走。这句话的主题虽说是让人们学习圣贤之道，但却流露出朱熹对这些"不认门"的行为的惋惜、遗憾而又无可奈何的心情。可是，他绝不会想到这句话竟是俗语"八字没一撇"之源。问题就出在他的那个"八"字上，"八"字形似两扇门，朱熹在这里以"八"喻门无疑是很形象的。"八"字没一撇，即是没有门。

照葫芦画瓢

"照葫芦画瓢"这个俗语源自宋代魏泰的《东轩笔录》第一卷中的一个小典故。

北宋年间，一位名叫陶谷的翰林学士想到外地去做官，便托人在宋太祖赵匡胤面前推荐自己。不料，赵匡胤一听说是陶谷，便笑着说："这位老先生起草文件时总是照抄前人的旧本，只不过改头换面地编编而已。"于是，陶谷没有被任用。这些话后来传到陶谷的耳朵里，他不禁大失所望：原以为皇上很倚重自己，为报知遇之恩，他兢兢业业，勉力工作，谁知自己辛辛苦苦地起草文告，费尽心思把一项枯燥的工作做得有声有色，却落得个这样的下场。他深刻体会到了帝王的薄情，不觉心灰意懒，于是写了一首诗自嘲。其诗道："官职须由生处有，才能哪管用时无；堪矣翰林陶学士，年年依样画葫芦。"以此来悲叹自己缺少独创精神。

后来，"依样画葫芦"这句诗逐渐演变成了"照葫芦画瓢"的俗语。"照葫芦画瓢"常被用来指一些人只知模仿别人，缺乏创新精神，沿用至今，成了"毫无创见"的同义语。

葫芦成熟后，用锯从中间竖着截成两半，去掉中间的瓤，便成了农家使用的"瓢"，可以舀水、淘米。瓢来自葫芦，那么，照着葫芦画瓢，当然是一件很容易的事情。因此，"照葫芦画瓢"这个熟语多用来比喻事情简单、容易，不需要花费很大的力气就能办到；也比喻头脑简单，只知道马马虎虎模仿，不能发挥创造性。

家丑不可外扬

家丑不可外扬，意即家里的丑事不要往外传。现在常用于一个家庭或一个单位出了丑事"捂盖子"，不让外面知道。在宋代释普济《五灯会元》上就有这句俗语："僧问：'化城鉴如何是各尚家风？'曰：'不欲说。'曰：'为甚如此？'曰：'家丑不外扬。'"其实这句俗语，早在魏晋南北朝时期就有了。

魏晋南北朝时期特别重视家庭血统，门第尊卑。官位高低，社会地位上下全由此决定。所以，门阀观念相当浓厚。另一方面，"三纲五常""三从四德"等封建礼教也越来越严。由于一些名门望族的男女享受世袭，不愁衣食，不免饱暖思淫欲，常有不婚而孕、叔嫂相好、翁媳私通等丑事发生。这些事一旦传扬出去，就会受到褫夺官职爵位，沦为平民的惩罚。所以，一些名门大家一旦出丑，便捂着盖着，并制订家规：家中丑事不可向外张扬。时间一长，这种家规不仅上层社会普遍采纳，一些平民也相袭而行，故形成俗语，流传至今。算起来，这句俗语至少有 1500 年的历史了。

癞狗扶不上墙

"癞狗扶不上墙"比喻没出息的人，没办法扶助他长进。清代曹雪芹所著《红楼梦》第六十八回中就出现过这个俗语："怨不得俗语说'癞狗扶不上墙'的！"

南宋李迪《猎犬图》

这句俗语来源于一个故事。

相传，从前有一个叫杨勾的人，靠养狗发了财，成了当地的富翁。杨勾发财的秘诀在于他养狗不养观赏狗，也不养一般家犬，而是养善于追逐奔跑的优种狗，专门卖给那些玩鹰追兔的浪荡公子。由于这些人家中有钱，加上投其所好，价钱给得相当高。

杨勾不仅善于养狗，还善于驯狗。一是训练奔跑速度，二是训练窜越壕沟，三是训练跳越障碍。尤其是他利用狗急能跳墙的特性，在驯狗跳越障碍上相当有一套。先是用骨头引诱狗跳矮墙，然后把狗逼急了，使它们跳高墙。凡能跳过高墙的算作好狗，跳不过去的算作癞狗。为了驯出更多的好狗，在癞狗跳墙时，他总是扶上一把，有的癞狗扶上多次也跳不过去，气得他说："癞狗怎么扶也扶不上墙。"看他驯狗的人们记住了他这句话。后来，人们便说那些无论怎么帮助也没长进、没出息的人是"癞狗扶不上墙"。

五十步笑百步

"五十步笑百步"出自《孟子·梁惠王上》，指事物根本性质相同，区别只在情节轻重。

战国时期思想家孟子为实现他以"仁政"治国的主张，曾在游说梁惠王的时候打了一个比方：在战场上，两军对阵，只听得战鼓"咚咚"响，两方的士兵一齐挺起刀枪，冲上前去便厮杀格斗起来，立刻便有士兵战死或受伤，鲜血淋漓，惨叫声不断。有一方士兵害怕起来，丢盔弃甲，拖起枪就往后逃跑，有的一直跑了一百步才停住，有的跑了五十步就停住。那些跑了五十步的士兵便嘲笑跑了一百步的士兵胆小怕死。其实两者之间相差五十步，同样是逃跑，同样是贪生怕死，其性质完全相同。

此后，人们根据这个故事概括出"五十步笑百步"这句俗语，以此说明：同样有缺点和错误，程度轻的人嘲笑程度重的人，事实上他也强不到哪里去。表面上看是在嘲笑别人，实际上正是在嘲笑自己。

孟子像（清殿藏本）

哪壶不开提哪壶

"哪壶不开提哪壶"来源于一个民间故事，意思是提凉壶，让人喝凉水。引申为说话丢凉腔，说不该说的话；做傻事，做不该做的事。

民国时期的粉彩花卉诗文茶壶

早年，有父子俩开了间小茶馆，虽说本小，门面不大，可是由于店主热情和气、诚恳实在，加上水沸杯净，开门早、收摊晚，小茶馆越办越兴旺。知县白老爷是个贪财好利的官儿，整天不掏钱的大鱼大肉吃足了，便到小茶馆来喝茶。他一个人占一个桌子，骂骂咧咧不说，还得来点儿花生米、豆腐干什么的就嘴儿。茶喝够了就扬长而去——白喝。白老爷天天来白喝，这父子俩可怎么受得了啊，却又惹不起他，只好忍气吞声。不久，小茶馆的老掌柜病倒了，便让儿子司炉掌壶，应付生意。这几天，白老爷一端起茶杯，就龇牙皱眉吧嗒嘴，说："这水也没开，茶也没味儿。"小掌柜说："老爷，茶，还是天天为您准备的上等龙井；水，还是扑腾扑腾泛沸花的开水，怎么能没味儿呢？"过了几天，白老爷来得少了；又过了几天，白老爷渐渐不来了，小茶馆又恢复了往日的兴旺。老掌柜病愈后，便问儿子："白老爷为什么不来了？"儿子机灵地一笑，说："我给他沏茶，是哪壶不开提哪壶！"

从那时候起，这个故事就跟"哪壶不开提哪壶"这句话一样四下传开了，越传越远。

不管三七二十一

"不管三七二十一"意思是不顾一切，不问是非情由。在明代冯梦龙《警世通言》卷三十二中就出现过这句俗语："若三日没有银时，老身也不管三七二十一，公子不公子，一顿孤拐，打那光棍出去。"

"不管三七二十一"是现在人们常用的一句口头语，它的来历很久远。

原始时代的人，没有数学知识。他们只能像小孩一样，扳着手指头计数。一个人有两只手，一只手有五个手指，两只手有十个手指，因此，初民对"二""五""十"这三个数便特别熟悉。口语中的"一五一十"，就是和以手计数有关系的。

五减二得三，五加二得七，于是在村民的意识中，三便成了少数，七便成了多数，又因为数三只要一只手，比较容易；数七要两手，比较困难，从而形成了这样的观念：三象征吉利，七象征凶险。经过代代相传，逐渐流传开一句俗语："不管三七"，意即不管多少，不管好歹。后人又加上了"三七"的乘积，这句俗语就成了"不管三七二十一"。

画虎不成反类犬

此语出自《后汉书·马援传》："效季良不得，陷为天下轻薄子，所谓画虎不成反类犬也。"

东汉初年伏波将军马援对子侄后辈教育十分严格，希望他们成为有用的人才。他不喜欢侄子马严和马敦在别人背后说长道短，写了《诫兄子严敦书》告诫他们，让他们学杜季良、龙伯高。如果学不成，就像画不成老虎反而画得像一只狗一样。

此外还有"画虎刻鹄"，鹄是一种鸟。这个成语不是说把老虎画成了鸟，只是老虎和这种鸟很难画（雕刻）出神髓，需要高超的技艺。

狗肉不能上席面

"狗肉滚三滚，神仙站不稳"，意思是狗肉香美异常，即使神仙也经不住其美味的诱惑。但是民间却另有讲究，如"狗肉不能上席面"或者"狗肉不上桌"，等等，狗肉好吃，却登不得大雅之堂，上不得席面，为什么呢？

这里面民间有许多说法。

有人说，狗肉比不上牛羊猪肉，属于贱菜，加上在中国百姓的语言色彩中，与狗有关的字多带有贬义，故多用"狗肉不能上席面"来比喻不够格或不争气。如徐慎《四书记》载："真是狗肉不上桌，他怎么现在搞这个名堂？不争气！"李准的《李双双小传》中李双双批评丈夫说："怎么你就是不会擀面条，不会蒸馍？放着排场不排场，放着光荣不光荣！我就见不得'牵着不走，打着倒退''狗肉不上桌'这号人！"因此，这种说法在民间流传甚广，致使我国大多数地区的正规宴席都不安排狗肉菜肴。

另据江苏徐州一带的民间传说，汉刘邦当皇帝前经常吃狗肉，待他坐了天下衣锦还乡时，众乡邻用狗肉招待他，刘邦反而认为众人看不起他，下令再有上狗肉的一律杀头。于是，在当地狗肉可以吃，却不可入席。但与徐州相邻的山东台儿庄却可以上席，原因是台儿庄是刘邦的姥姥家。

趣味链接：
关于"狗肉不上席"的考证

有学者考证说，一是由于佛家主张"戒杀放生"，梁武帝肖衍提倡素食终身，所以佛门弟子也就难以再享狗肉了。二是道家有忌讳，李时珍曰："道有以犬为地厌，不食之。"三是统治阶级的迷信思想。据《曲洧旧闻》记载："崇宁初，范致虚上言，'十二宫神狗戍位，为陛下本命，今京师有以屠狗为业者宜行禁止'。"宋徽宗听后，就立即降旨禁止杀狗，并规定凡不再杀狗者，"赏钱至二万"。

另外，在满族人中还有一种传说，那就是黄狗和乌鸦救过努尔哈赤的命，所以满族人由此不再吃狗肉。清朝统治者入关后，汉族也不得不附和。查阅清宫的御膳，包括满汉全席在内，尚未发现狗肉。时间长了，不少人也就逐渐不知道狗肉是什么味道了。尽管有的汉人仍然吃狗肉，但慑于满族统治者的忌讳，所以在宴席上也就没有狗肉的位置了。

上梁不正下梁歪

俗话说"上梁不正下梁歪",讲的是房子的上梁下梁关系紧密,上梁如果已经歪斜了,下梁也必会不正。后来喻指上行下效,根本的上层的问题不解决好,其他问题就无法解决。

梁是指木结构的屋架中,顺着前后方向架在柱子上的长木,它是水平方向的长条形承重构件,所以盖房在建起房架子的时候,首先是要放正房子的上梁,让它支撑四方。旧时的习俗,上梁时还要在梁上挂上写有"上梁大吉"字样的红布,祝告吉祥如意,可见它在整个房屋建筑的结构中的重要作用。假如上梁不正必然导致下梁歪斜,会严重影响房屋的质量,轻则减少房屋的使用年限,重则会造成房倒屋塌的严重后果。因此人们用"上梁不正下梁歪",或"上梁不正下梁斜",表明上梁正与不正直接关系到下梁的正和斜。

这句俗语比喻义是说:一个领导者如果不能以身作则,公平公正地做事,那么下属也必定上行下效,跟着变"歪"、变坏。

扶不起的刘阿斗

三国后期,蜀主刘备临死时留下遗嘱,要求儿子刘禅继位后,"勿以恶小而为之,勿以善小而不为,唯贤唯德,能以服人",并要求刘禅对诸葛亮"事之若父"。刘禅继位,史称"蜀后主"。

后主庸碌无能,举凡军国大事,均交诸葛亮办理。诸葛亮"恐托付不孝,以伤先帝之明",所以,抱着"鞠躬尽瘁,死而后已"的思想,内修政务,外抚夷越,尽全力扶助后主治理朝政。先后平定了南方少数民族的叛乱,七出祁山,率军北伐,以图"兴复汉室,还于旧都"。

然而,后主后来宠信了宦官黄皓等,只知吃喝玩乐,不管理国政,国势渐渐腐败、衰微。诸葛亮劳卒于北伐军中后,后主便失去了治理国家的人才。公元263年,魏国的司马昭派兵攻蜀,58岁的后主出城投降,还命令蜀军不战而降。

后主被解往洛阳后,司马昭不但未立即杀害他,还封他为"安乐公",给

唐代画家阎立本《历代帝王图》中刘备画像

他豪宅美婢，后主非常高兴。

司马昭为了试探他，特意宴请刘禅君臣，席间以蜀国歌舞助兴。旧臣们听到了家乡的歌舞声，无不掩泣，而刘禅却看得津津有味，满面笑容。司马昭故意问他是否想念四川，他则憨态可掬地说："此间乐，不思蜀。"而在他身旁的旧臣郤正听了，觉得此话有失体统，便求见刘禅说："假如有人再问你，您应该流着泪，难过地对他说：'祖宗的坟墓在蜀国，我怎能不想呢？'"后来，司马昭又问他想不想蜀国，刘禅就把郤正教他的话背一遍，因挤不出眼泪，就闭上眼睛，装出痛苦的样子。司马昭听后问他："你的话听来怎么和郤正说的一样呢？"刘禅睁开眼说："这是郤正教我的。"司马昭看到刘禅的这个傻样子，也就放了心。刘禅的小名叫"阿斗"。以后，人们就把不争气、没出息的人说成"扶不起的刘阿斗"。

聪明反被聪明误

"聪明反被聪明误"是讥讽那些费尽心思、不择手段地钻营取巧，结果事与愿违，反而害了自己的人。

据南宋崔敦诗（1139—1182年）的杂记集《刍言》所载：墨鱼为保障自身安全，遇有可疑迹象，立即吐出墨汁，将周围的水搅黑，掩护自己伺机脱逃。它以为这一手绝顶聪明，谁知恰恰告诉渔人"此地无'鱼'三百两"，结果反误了自己的性命。人们便从中归纳出"聪明反被聪明误"的俗语。

不少辞书和大多数人都说此俗语源于北宋苏轼（1037—1101年）的《洗儿》诗。诗云："人皆养子望聪明，我被聪明误一生。唯愿孩儿愚且鲁，无灾无难到公卿。"

因为诗中有"我被聪明误一生"句，后人便把它当作"聪明反被聪明误"的语源。

不见黄河心不死

"不见黄河心不死"是个俗语，还可说成"不见黄河不掉泪"，比喻不到最后无路可走的境地决不死心。清代李宝嘉《官场现形记》第十七回出现过这个俗语："这种人，不到黄河心不死。现在我们横竖总不落好，索性给他一个一不做二不休，你看如何？"

"不见黄河心不死"这句话来自古代一段忠贞的爱情故事。"黄河"现常被理解成与长江齐名的那条大河，其实，故事中的"黄河"并不是指河流，否则，"见了黄河"和心灰意懒何干呢？

据传说，古代有位擅长吹埙（xūn）的青年名叫黄河。"埙"是个古代的土制乐器，它由黏土烧成鸭蛋大小，长圆中空，埙上有六个小孔，由手指控制堵放可吹出不同音阶。这位黄河是吹埙能手，他吹奏的乐曲优美动听，打动了一位贵族少女，于是他们双双坠入了爱河。可惜黄河出身贫寒，与贵族少女门不当户不对，少女的父亲棒打鸳鸯，将这对恋人拆散。黄河流浪异乡，相思成病而死。死后他的心变成了一块精美的玉石，被人拿去雕琢成一只无比精致的酒杯。酒杯是件瑰宝，只要一倒进美酒，一个吹埙少年便浮现在杯中，还发出埙的悦耳的音乐。此杯献给了皇帝，皇帝又赏赐给心腹大臣，这大臣正是思念情人黄河的少女之父。当然，酒杯被女儿看到了，她见杯中浮现的正是黄河，顿时痛哭，泪落杯中。所以，后来常说"不见黄河心不死"或"不见黄河不掉泪"。

不见棺材不掉泪

棺材，是用来装殓死者遗体的器物。如果这死去的人与一些活着的人有一定的亲情或友情的关系，那活着的人看到装殓死者的棺材时，必然引发人们的悲伤和痛苦，有的则会失声哭泣落下泪来。见不到棺材，人们还存在着微茫的希望，但一见棺材则就"盖棺事已"了。

"不见棺材不掉泪"这句俗语，既有它的本义，还有由它引申出的寓意。一是讽喻有些人做什么事情时，根据主客观的条件或情况，明明做不好，做不成，又不听别人的劝阻而一意孤行，最后遭到挫折或失败，才有所警醒或改悔，但损失或危害已经无法挽回了。

另外，它还比喻某些坏人作恶时无法无天，总要等到品尝自己一手酿造的恶果时，才开始痛悔前非。

死马当作活马医

这个俗语出自清代夏敬渠的《野叟曝言》。后人用"死马当作活马医"比喻虽然已经没有希望办了的事，也不妨再做一次努力，寄希望于万一。

晋朝有个叫窦固的大官，他有一匹骏马，当真是日行八百，神骏异常，窦固以为天下再也无第二匹马可与之相比了，因此钟爱之至。谁知有一天，那匹马突然病了，请了好些兽医来也治不好，最后死了。窦固痛惜之余，便向门房嘱咐道："我今天心里不痛快，谁来拜访我都不见。"郭璞听说这事后，跑来对门房道："我有办法能把死马救活。"门房通报进去，窦固半信半疑，心想："死马当作活马医嘛，让他试试看。"于是立刻出来迎见，殷勤接待，并请他立即医马。郭璞道："此去东门外三十里有座小山，山上树林密布，你叫几十个人去敲锣打鼓，撵出一只像猴一样的动物来，活捉了，送来这里。"窦固立刻派了上百个士兵前去捉拿，不多时，果然捉来了。那动物比猴子略大，目放金光，灵动异常。它一看见死马，立即

明代任仁发《人马图》中的骏马形象

扑上去吸它的鼻孔，喷喷有声。吸了一会儿，那死马竟慢慢动了起来。再过一会儿，那马一跃而起、仰天鸣嘶、踢脚摆尾，竟似完全没病死过一样。再看那猴子，却不知什么时候跑了。窦固大喜，重赏郭璞。

还有个关于此语来历的传说：古时候，有一个病入膏肓的人。因为谁都治不好，他的家人很着急。有一天，又来了一个大夫，他是个外地人，当他摸完病人的脉时，觉得没有希望了，就说死脉当成活脉医。因为是方言所以听成了"死马当活马医"，流传至今。后来比喻明知事情已经无可救药，但还是抱一丝希望，积极挽救，通常也泛指做最后的尝试。

人心不足蛇吞象

此语出自《山海经》。传说古时候，南海有一种蛇叫作巴蛇，它身长足有八百尺，能吃象。巴蛇把大象连骨头吞下肚里，三年以后才把骨头吐出来，被吐出的骨头可以医治腹内疾病。这个传说流传很广。屈原在《天问》中有"一蛇吞象，其大如何"的句子。

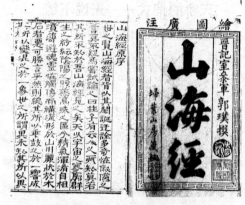

清代光绪年间的《山海经》刻本

后来有人根据传说，改编成"蛇吞象"的故事：古代有个穷苦猎人叫阿象，他怜悯一条饿昏的小蛇，精心把它饲养大。此后，阿象一再向青蛇索取，使自己变成了富翁。但由于他贪得无厌，终于被青蛇一口吞掉了，这个故事是对"人心不足蛇吞象"的形象描述。

矮子看戏，随人叫好

"矮子看戏，随人叫好"又作"矮子看戏，随人说妍"，也叫"矮子观场，随声附和"。语出《朱子语类》二十七："其有知得某人诗好，某人诗不好者，亦只是见于前人如此说，便承虚接响说取去，如矮子看戏相似，见人道好，他也道好。"

旧时农村演出"草台戏",都是在露天搭台,台不很高,人们都挤在一起站着瞧。有个矮子也去看戏,他前面的人长得高,视线都被挡住了,他一点儿也瞧不见,只听得前后人们喝彩,说演得真好(妍:美好),矮子也大声叫好。其实他一点也未看见,只是随声附和而已。所以明朝李贽在《续焚书》中说:"我小时候,听人家说孔子是圣人,至于他为什么是圣人,哪些地方值得尊敬,却一点也不懂,不过是'矮人看戏,随人说妍'而已。"

后人用"矮子看戏,随人叫好(说妍)"来比喻人无主见、随声附和,与熟语"应声虫"同义。

天桥的把式——光说不练

老北京有句俗语,讽刺只会耍嘴皮子的人,叫作"天桥的把式——光说不练"。

这绝不是无中生有的诽谤,只要到天桥看过把式(武术和杂技之类)的人都会有这种体会。过去,天桥市场有很多卖艺的,摔跤、耍叉、耍中幡、耍狗熊、变戏法儿,等等,五花八门,花样繁多,通称是吃"江湖饭"的。其中多数人由于生计艰难,没有出路,只得搁场子卖艺。天桥的艺人,尤其是练武术的把式,不论是否有过硬的功夫,都是以说当先,嘴上得有能说会道的功夫。

练武的把式通常都是先拉好场子,摆上刀枪架,但先要练嘴上的功夫。有时艺人自己就先咬破这个豆儿,开口先说:"人们都说,天桥的把式——光说不练,光说不练那叫嘴把式;光练不说那叫傻把式;若要连说带练,那才叫好把式哪!练到了,说到了,好叫您瞧出个门道。我们可不敢说武艺高强,只能说是初学乍练,练得好与不好,众位包涵着瞧。今天我们两人练一套'单刀破花枪',众位看那条花枪怎么扎法,我怎么冒险进招……"

等把围在场子周围的观众用话都"扣"住了,才开始练武艺。他们练的不过只是些"空手夺枪""单刀破花枪""拐子破棍"等简单的节目,就将刀枪道具往场子里一横，向四外一作揖，说："得嘞！众位父老兄弟，有钱的您帮个财缘，没带钱的您帮个人缘，咱再给那些不走不散的作个揖……"帮场的伙计把小笸箩一端向四面观众敛钱去了。练了不足 10 分钟，说了倒有 20 分钟，故老北京人常用"天桥的把式——光说不练"指斥那些说得多、做得少的人。

天桥的艺人个个能说，所谓"巾皮彩挂，全凭说话"。"巾皮彩挂"是江湖隐语。"巾"（或写作"金"）是算卦相面的，江湖上有七十二"巾"之说，也就是说算卦看相可分为七十二类；"皮"指江湖上卖药的；"彩"指变戏法的；"挂"指打把式卖艺的。也就是说走江湖卖艺，第一要会说、能说，其次才是"艺"。但只能"说"，没有"艺"，恐怕时间长了也是不行的，事情就走向了反面。

先下手为强，后下手遭殃

抢先动手，掌握优势，便可成为强者。此语出自唐代李延寿《北史·元胄列传》。

南北朝时北周大将军元胄，深得丞相杨坚的器重。北周的赵王招，预谋杀害杨坚，篡夺帝位，他设宴请杨坚吃饭，不准侍从进入。元胄料到赵王招心怀叵测，便强行跟随入内。酒过三巡，赵王招用佩刀刺瓜递给杨坚吃，想乘机刺杀杨坚，元胄已看出他的用心，便对杨坚说："相府有事，请丞相回府！"

赵王招气愤地斥责他："我正在与丞相谈论朝政大事，你这是干什么！你给我滚开！"

元胄瞪圆了眼睛，手扶着刀柄，一脸怒气。赵王招马上换了一副面孔，满脸堆笑地对他说："哈，你不必多心，别瞎猜疑，来来，请入席饮酒……"

元胄仍站立不动。赵王招又想出一个招

阎立本《历代帝王图》中的隋文帝杨坚

法，装模作样地央求元胄："我嗓子干得厉害，请你去厨房给我弄些水来！"

元胄乘机对杨坚耳语："赶快离开这里，赵王招要行刺！"

杨坚惊道："不会吧，他没有兵马呀，怎么能反叛呢？"

元胄说："他是先下手为强啊！"说罢扶着杨坚便走。赵王招从屋内追出，元胄用身体挡住门户，杨坚顺利地逃回了相府。

后来杨坚诛杀了赵王招，做了皇帝，称隋文帝。元胄升为右卫大将军。

人们据这个故事概括出了"先下手为强，后下手遭殃"这句熟语，并流传下来。

第六章　方言俚语，言谈之中显文化

中华民族历史悠久，人口众多，地域辽阔，自古就存在方言分歧。在漫漫历史长河中，由于山川阻隔，交通不便，封闭的小农经济使得各地人民之间很少交往，语言上也渐渐有了隔阂，形成了汉语中的种种方言。关于现代汉语方言的分区，学者们有不同的分法，一般分为七大方言区，这就是：北方方言区、吴方言区、湘方言区、赣方言区、客家方言区、粤方言区、闽方言区。

俚语就是指通俗的口语或粗俗的口语，常带有方言性。俚语是一种非正式的语言，通常用在非正式的场合。俚语多出自价值观念上的冲突，表示敌意或轻蔑。

方言和俚语都是百姓在日常生活中总结出来的通俗易懂、具有地方色彩的词语。方言和俚语都具有较强的地域性，都属于较生活化的语言。有时候，方言在一定场合比普通话的表达效果还要好。我们可以比较一下：普通话"你好，在干什么呢？"北京话则是"干吗呢这是？"又如普通话"可以，就这么办吧！"河南话则是简单的一个字："中！"方言有时候比普通话表达形象，从不乏味。方言俚语更加活泼，生动有趣，含义更加广泛，虽然不一定是金玉良言，但大多包含一定哲理，发人深省。

丫

"丫"是一个北京土语，其本身的叫法则是"丫挺的"。"丫"字不过是男性生殖器的象形字而已，只是《说文》等均未收入。《集韵》释："丫"，"象物

民国时期丫鬟伺候小姐洗漱

之所开""物之歧点",也就是树权分离处,取象人身即与裤头儿部位等同。虽然也有幼女小辫儿的说法,但在此则无异于风马牛不相及。

还有人说"丫"完整的表达是"丫头养的",翻译成现代法律语言为"非婚生子女"。丫头就是婢女,丫头养的就连庶出都算不上,是没有名分的,算是一种侮辱人的称呼了。不过经过百多年的演变就剩了"丫"或"丫挺"了。"丫"已成为现在年轻男性中几成通用的昵称,用来表示相互间熟不拘礼的亲密。

中

河南话里的"中"是什么意思?

在外地人看来,最能代表河南话的就是一个字——"中"。也就是"行""好""可以"的意思。这个字看似简单,实则不然。著名相声演员姜昆就曾在相声里非常精辟地做了一段表演,揭示"中"在生活里的不同用法,颇为难得。

如果你听到河南人说"中",只一个"中"字,那就是答应、肯定、承诺、保证。如果说"中中",两个"中"字,意思就变了,就有些将就、应付、不耐烦、虚与委蛇的意思了。如果说"中中中",三个"中"字,那就又不一样,多半是敷衍、推诿、不高兴、端茶送客。如果说的是"中中中中中……"脱口一大堆"中"字,你就得当心了,分明是恼怒、愤恨、冷若冰霜,识相者,谈话应当立即打住,拔腿走人,要不然,立马就要干仗,厮打起来。所以说，初到某地，说话听话都要仔细了，免得无事生非呢！

巴 子

"巴子"是上海俚语，指不懂上海市面行情、容易被骗的人，约形成于20世纪80年代末90年代初。细究"巴子"一词，它与"乡下人"有点不同。"巴子"除了包含"乡下人"之义外，最主要是指不符合大多数上海人价值观的事，如不懂行情，容易被人骗，自以为是，等等。而且有个有趣的现象，即离上海越远，巴得越厉害。只要是上海人看不惯的，不合时宜的事，包括上海人自己，一律打上"巴子"的烙印。所以上海人所说的巴子，细究起来，基本是指某一类现象，而非特定一个人。

趣味链接：

青帮切口"靶子"与"巴子"

巴子，青帮切口。原做"靶子"，即挑衅、抢掠、敲诈、殴打的对象，犹如射击中的靶子。后又引申而指帮内或帮外能力较差、容易被人欺侮的笨蛋。

据民国《清门考源·各项切口》中记，切口中有"巴子"一词，可能是"靶子"的俗写，指在道中无地位的小人物；旧上海警察拦路抄身及工厂的抄身工制也被讲作"抄靶子"或"抄巴子"。今沪语把初来上海、不懂上海市面而容易上当受骗者叫作"巴子"，其词同出于江湖切口。

明代周臣《流民图》（部分），美国克里夫兰艺术博物馆藏

瘪 三

"瘪三"是源于上海、传遍全国的一个词语。"瘪三"在上海话里是句蛮厉害的骂人话。"瘪三"

通常指城市中无正当职业而以乞讨或偷窃为生的游民。"瘪三"泛指"三瘪"：无良好生活状态、无谋生职业、无家业。

此词在民国初年已经产生，在旧上海瘪三是社会最底层的一个群体，但范围较模糊：有单体的，也有两三人合伙的，还有结帮的。他们欺、蒙、拐、骗、抢、诈、偷样样来，为上海的普通市民所深恶痛绝，后来就演变为骂人的话。

姥姥

在北方话里，通常称呼外婆为"姥姥"，可是听北京人说话，经常遇到这样的情况"想占我便宜？——姥姥！"外地人不知道的，一定会摸不着头脑，心想这事儿跟"姥姥"有什么关系？以为这是在骂别人的家人，类似于京骂"他妈的"。事实上不然，"姥姥"用以表示人们在争吵时的"不服气""轻蔑"等态度，意近于"休想""你不行"等。据一些学者考证，此语源于满语，是一个音译词，意为"鄙庸懦人"，故也作"老老""老喽"，满语中两字音皆为高平调。

犯照

犯照和驾照无关，是老北京俗语，就是对方看你欠打或者你惹到对方，对方故意找碴的意思。

汉代斗狗俑

在老北京，如果想故意找碴，比如看对方不顺眼，就可以故意冲对方喊："孙子！你丫犯什么照！"如果对方不服气，就会回嘴："照的就是你小丫挺的，怎么着，抽你小丫挺的！"双方唇枪舌剑，或者拳脚相加，上演全武行。如果其中一位示弱，那就只有装作看不见，低头而过，不过即使退让了，对方嘴上也不饶人，可能接着会骂上几句。

佛 爷

老北京话"佛爷"和如来佛无关。北京话中"佛"是偷的意思，"佛爷"是小偷、扒手的意思，这是从千手千眼佛引申而来，讽刺小偷也有千手千眼。小偷又把警察称为"雷子"，所以故意自称"佛爷"，以表示对警察的蔑视。山东青岛叫"佛手"，四川则称为"老陶"，意为掏腰包的人。

在老北京那会儿，在公交车上偷钱包的人被称为"佛爷"。那会儿常用的作案工具有刀片、长铁夹、镊子、钳子，等等，也有徒手作案的。若被发现，黑话就说："捅炸了！"可能会遭到一顿暴打，然后被扭送公安机关。过去的佛爷一般能偷不能打，为了保护自己，他们一般都投在某个帮派门下。保护佛爷的人就称为"养佛爷"。

趣味链接：
慈禧太后为什么又叫"老佛爷"？

1861 年 11 月，慈禧太后发动宫廷政变，实行垂帘听政以后，宫廷中便以"老佛爷"相称。慈禧为何要人称她"老佛爷"呢？有几种不同的说法。

第一种说法是拜佛坐禅。据《清朝野史大观》记载："孝钦后政暇，曾作观音妆，以内监李莲英为善财，李姊为龙女，用西法照一极大相，悬于寝殿。宫中均呼以'老佛爷'。"

第二种说法是李莲英加给她的。慈禧对佛是很虔诚的，不管在皇宫内还是皇宫外都不会忘记念佛、供佛。有一年北京大旱，依照习俗，慈禧与朝廷官员要每日向如来佛求雨。这次亏得慈禧太后幸运，求雨只求了三天雨就来了。李莲英趁机恭维慈禧，说太后真是了不得，差不多就好像是佛爷一样。从此，李莲英便称呼慈禧为"老佛爷"。不久之后，全国人民都知道了"老佛爷"。

第三种说法是慈禧给自己加的徽号。蔡东藩在《慈禧太后演义》中说，

慈禧太后（中间）

在慈禧六十大寿时，"自加徽号，令承值人员等称她作'老佛爷'，或称她作'老祖宗'。"

第四种说法是沿蒙古族俗说。王无生在《述庵秘史》中说："宫中称'老佛爷'，沿蒙古俗也。"

其实，慈禧叫"老佛爷"的原因并非如以上所说，"老佛爷"不是慈禧太后专用的称号，清朝历届皇帝的特称都是"老佛爷"。清代帝王为什么自称是"老佛爷"呢？这是因为女真族首领最早被称为"满柱"。"满柱"是佛号"曼珠"的转音，有"佛爷""吉祥"的意思。所以，不但女真首领被称为"满柱"，女真显赫家族的首领，名字也叫"满柱"。

所以，清朝皇帝将满语"满柱"汉译为"佛爷"，成为自己的"特称"。慈禧让别人也称她为"老佛爷"，是企图把自己比作皇帝，显示了不同寻常的政治欲望。

慈禧一生有很多徽号：慈禧、端佑、康颐、昭豫、庄诚等。另外还有西太后、老佛爷、老祖宗。慈禧死后，宣统皇帝即位，尊谥号为孝钦后。

坛　子

坛子原为一种口小肚大的陶器。荆楚地面，女儿出嫁后，逢年过节，都要回家看望父母，所送的礼物少不了酒。用什么来盛酒呢？用缸太大，用壶太小，用口小肚大的坛子装酒最合适。五月端午，八月十五，正月初二，女儿女婿总是一人抱着小外甥，一人提酒拿肉，走在湖区的小道上。每当他们在村口一露面，就有人向其家报喜："你

过去的酒坛子

屋的酒坛子回来哒。""酒坛子"成了女儿的代名词。一般人家若生了个女孩，乡邻们便贺喜："恭贺您唧生哒个酒坛子！"荆楚区域内的仙桃人则干脆称女儿为"坛子"，饱含了父母对女儿的深深爱意。

拔 闯

拔闯（chuàng），就是一些人为势单力薄的朋友壮威。一个人惹下了事，人家不依不饶，自己还不甘示弱，于是找一帮哥们儿出来，给自己拔闯，想从精神上把对方压倒，灭对手的威风，壮自己的志气。

老天津卫，码头上争地盘，动不动地就要请出人来给自己拔闯，当然，拔闯只是拔闯，给你拔闯的人绝对不会为谁卖命，真到了白刀子进去、红刀子出来的时候，还得自己上阵，惹出祸来，还得自己抵偿。当然，也有替人拔闯吃了亏的，老天津卫，河霸打群架，动不动就拉出一伙人来，乱哄哄地打得天昏地暗。其实交手的双方，谁和谁都没有仇恨，就是互不让步，自然也不会白"拔闯"，有人出钱为你治伤，多少还有你一点"好处"。

"拔闯"是江湖黑话，也是江湖上的无赖行为，有人在前面闹事，有人出来拔闯，还有人在背后当戳儿，算是一套"活儿"。所以，拔闯是一种寻衅手段，老百姓对于拔闯一举，深恶痛绝。

贼、整

"贼"和"整"是东北方言。

贼：用来形容程度，表示"特别""很"的意思，比如口语里常说的：贼好吃、贼好看、贼好玩、贼迷糊、贼能耍、贼想哭、贼有意思、贼逗、贼傻、贼山、贼冷、贼热，等等，如果和书面或流行语言结合起来，更是妙不可言。

东北方言中的动词"整"，相当于西南官话中的"搞"和普通话中的"弄"，应用范围极广，使用频率也极高。它和"搞"差不多，大致可归纳为两个义项：

一、做，弄。一般可代替其他一些动词的意义，特别是不清楚、不好说或不必说的动作。如：菜整好没？

二、想办法取得。如：我刚从黄牛那儿整来两张票。

不止东北话中用"整"，中原话、西南话、湘方言、客方言、粤方言等中都可见动词"整"的踪迹，只不过在诸多汉语方言中，东北话对"整"的运用最为频繁和全面。

土 匪

土匪一般是指地方上凭借武力为非作歹的人。

"土匪"一词明清以前很少见，到明、清时期的半白话文中，"土匪"一词渐渐用得多起来，并且多指南方。北方的匪多称"强匪""强寇""胡子""响马"，等等。何独南方的称土匪？封建王朝时期，少数民族地方首领大都是世袭管职，以湘西为例子，在土家族集居的地方，朝廷设立了"土司制度"。土司与朝廷的关系就是每年进贡，只要不与朝廷唱反调，在地方上有充分自治的权力，其实就是土皇帝，操有杀伐之权。土司的残酷统治，给当地人们带来了深重的灾难。由于土司的强权，人们造反之事也多有记载，湘西有的是山，山头林立，地势险要，成就了土匪的乐地。整个西南一带，洞洞有寇、山山有匪，人称"土家匪""土司匪"，"土匪"一词可能是由此衍生而来的。

趣味链接：

土匪的组织结构

一般来说，多数土匪队伍内部是有约束的，有的土匪队伍的纪律还相当严厉。土匪的组织结构大体分为四梁八柱。

四梁：

通天梁——大柜；

托天梁——二柜；

转角梁——翻垛先生；

迎门梁——炮台。

八柱：扫清柱——总催；

狠心柱——秧子房当家的；

佛门柱——水香；

白玉柱——马号；

青天柱——稽查；

通信柱——传号；

引全柱——粮台；

扶保柱——崽子、皮子。

四梁八柱的具体分工：

大柜——大当家的。

二柜——二当家的。

翻垛先生——卜算吉凶、算卦、批八字。

炮台——神枪手。

总催——相当于部队的伍长。

秧子房当家的——看押审票。

水香——军师。

马号——专职饲养马匹，包括驯马。

稽查——监督胡子品行。

传号——通信联络。

粮台——管理绺子吃喝。

崽子、皮子——最底层的胡子。

善 棍

"善棍"不是指练武术，而是指借慈善之名骗财牟利者。在过去大城市中常见这种人。民国时期，孙中山《军人精神教育》中就提到过这种人："今则善堂中人，亦多半假慈善名目，骗取金钱，故广东善堂，人有目之为善棍者。"据近人考证，晚清光绪、宣统年间，有假托善名而为恶者，称之为"善棍"。

"善棍"喜欢借慈善事业之名，进行募捐活动。实际上，得到钱财，私下分钱。他们也不是全部把善款分掉，而是拿出一小部分进行慈善事业，然后大张旗鼓地宣传，剩下的大部分钱就落入了他们自己的口袋。在旧社会，很多善棍借此致富。这些人得到"慈善"之名，还得到了钱财之实，实际上是一种伪善。

护 短

"护短"，就是要保护自己的短处，或者保护自己家人、亲友的短处，不容许别人对此进行指责、批评。这个词的起源见于《孔子家语》。

有一次孔子外出，走在路上时，原先晴朗的天空，在一阵风之后，很快就下起雨来。一位跟随孔子的弟子说："先生，子夏的家离这儿不太远，咱们先去他那儿借把雨伞再走吧！"

孔子连忙摆了摆手说："不，不，别去找他了。"这弟子心里纳闷儿，看着弟子不理解的神情，孔子解释说："我听说过这样的话，与人交朋友就应该尽量发挥人家的长处，而避开人家的短处，这样朋友才能长久。子夏是比较吝惜财物的，这正是他的短处。我们去向他借东西，不正是没有避开他的短处吗？"

听了孔子的解释，这名弟子才懂得孔子的心思。

后来，到了晋朝，有一位叫嵇康的文人在给朋友写信时，就提起孔子不向子夏借伞的事。他写道："仲尼（即孔子）不假盖（借伞）于子夏，护其短也！"嵇康说的"护其短也"后来经过缩略，就成了"护短"这个词。

护局子

在社会生活中，人们常把护自己孩子短儿、护自己单位或下属的短儿，称作"护局子"。这个说法是怎么来的呢？

其实，"护局子"的原意为"护驹子"。它出自农民对马的生活观察和体

验。母马生下小马驹后，对孩子倍加爱护，任何人想接近小马驹儿，包括整天喂养它的人，母马都会嘶叫踢咬，把那个人赶走。据此，人们便把竭尽全力保护幼仔的行为，包括语言揭短都不允许的现象称为"护驹子"。流传下来，语音讹变，就成了"护局子"。

有的地方从母牛护犊的现象得出"护犊子"的说法，同"护局子"意思一样，也十分流行。

敲竹杠

"敲竹杠"指利用他人的弱点或找借口来索取财物或抬高价格，比喻利用别人的弱点或以某事为借口来讹诈。出自《官场现形记》第十七回："兄弟敲竹杠，也算会敲的了，难道这里头还有竹杠不成？"

关于"敲竹杠"的来历，说法很多，这里选几个有代表性的。

一种说法，源自林则徐禁烟。清朝末年，帝国主义商船纷纷向中国输入鸦片，毒害中国人的健康，并牟取暴利。

爱国官吏林则徐向清政府提出禁烟，并在广州海面派出官船巡逻，查禁鸦片。有一次，官船截住一艘走私船，一个官员抽着旱烟上了商船，监督手下的人搜查，他无意之中在船篙上磕烟袋锅，这个动作可吓坏了走私商人。原来，他们正是打通了船篙，把鸦片藏在了船篙里。走私商人以为官员发现了秘密，便趁别人不注意把钱塞进官员的手中。这个贪官心领神会，放走了走私船。以后，"敲竹杠"的说法就传开了。

"敲竹杠"的来源，还有一种说法：四川山区，有钱人进山烧香时乘坐着一种用竹竿做的滑竿，滑竿由人抬着。走到半山腰

晚清时期吸鸦片的女人

抬滑竿的人就敲着滑杠，要求加工钱，否则就不抬人，乘坐滑竿的只好加钱。

除了以上两种说法，还有一种说法：清朝末年，市场上小额的买卖，以铜钱作为单位，店家接钱后便丢在用竹杠做的钱筒里。当时，上海城里有家店铺，老板很不老实，陌生顾客进门，他往往随意提价。每当伙计接待顾客时，店主就敲竹杠暗示伙计多要钱，后来就将用别人的弱点或寻找借口向别人敲诈钱财的行为叫"敲竹杠"。

老鼻子

天津人说"老鼻子"，是一个数字概念，形容一个地方、一种什么东西多得没法儿数、没法儿再多了。天津人说一户人家"趁"钱（有钱），就说——"人家家里值钱的东西，'老鼻子'了！"这话是赞叹人家的"阔"，和平民百姓不一样。

物件的多少，怎么就和鼻子连在一起了呢，为什么不说"老耳朵"呢？说不清楚，也找不到依据，大概是约定俗成——你说"老鼻子"，人家明白和鼻子无关，你说"老耳朵"，人家就真的以为你是说耳朵了。

天津人一说到什么东西多时还爱说——"海了去了"。那就是说这种东西没法儿用数字计算了。以数字计算，成千上万——一百万、一千万、一万万……都有个极限，可说"海了去了"，意思是比万万万万还多，多到无法以数字计算了。

十三点

"十三点"这个词语，词义等同于痴头怪脑、愚昧无知，是上海语言中使用率最高的词之一，用以形容那些傻里傻气或言行不合常理的人，有时也用来作为取笑、嗔怪或不伤感情的骂人话。

关于这一俗语的由来，据1922年版《上海指南·沪苏方言纪要》中称，"痴"字共十三画，故沪人以"十三点"隐指"痴"。上海语言"十三点"主要用于指女性的痴头怪脑，愚昧无知，如痴情、痴心、痴呆等，而该词也多出自妇女之口，男子较少使用该词。

关于"十三点"的由来，还有人认为它源自赌具牌九中的"幺五""幺六"两张牌。这两张牌都是"短对"，碰在一起不配对，暗指人的言行"不对"。六和七加起来是十三，还可成为一句歇后语，如"他这个人有点幺五幺六"，故意把"十三点"这个不入耳的话"歇"去。

见周公

"见周公"是香港人喜欢在开玩笑时用的俚语，常听人说，休假日没什么好节日，去"见周公"啦！"见周公"就是"睡觉"的意思。

这个词是怎么来的呢？据说，孔夫子当年热衷于研究周代礼法，因此对周礼的制定者周公非常钦佩和敬仰，所以，孔夫子常梦见周公。在孔子晚年时，他渐渐忘却了曾钻研周礼的往事。《论语》记载，孔子

清代人画的周公像

有一次突然想起好久没梦见周公了，并感叹自己忘记了复礼的主张。

后人从《论语》中拿出了"见周公"的说法，以其巧妙而文雅的隐喻义——"睡觉"或"做梦了"，传开了这个俚语。

二五眼

"二五眼"是流行比较广的北方方言。什么是"二五眼"呢？"二五眼"就是不怎么样，对一种事物不甚了了，只知其一，不知其二，样样精通，样样稀松。上海人说"呀呀唔"。手艺人中，把那种笨手笨脚的"力笨"叫"二五

眼"。比如在工厂劳动，平时总听人说哪位师傅的技术高，可是真遇到技术难题就傻眼了，原来是一个"二五眼"。

一瓶子不满，半瓶子咣当，就是对"二五眼"最准确的描绘。平时还显不出来，靠二五眼也能慡世，也能发迹，还有人靠"二五眼"混得不错，可是一到节骨眼上，露馅儿了，明眼人一看，就知道是怎么一回事了。先哲遗训：知之为知之，不知为不知，是知也。所以，但凡检验真学问之处，是来不得"二五眼"的。

在天津话里，"二五眼"还表示一种生存状态，天津人求取中庸，以二五眼为佳境，遇事过得去就行。问一个朋友生意如何？"二五眼"。问他日子过得怎么样？也"二五眼"。此"二五眼"者，凑合也。

纳闷儿

"闷"，是一种心理状态，天津人遇到事情一时闹不明白，就说"纳闷儿"，常常听见老天津人说："我就纳这个闷儿，大家伙为嘛就得去听那些星们的演唱会，一张票上千块，就听他胡蹦乱跳瞎咧咧。"

"纳闷儿"一词，在京津一带甚是流行，上海人不说"纳闷儿"，上海人说"丈二和尚，摸勿着头路"。但书写语言，还是以"纳闷儿"为通用。有"纳闷儿"，就有"解闷儿"，一个人遇到不称心的事情，心里闷得慌，就是"不舒畅"的意思。这时候好心人就会说个笑话什么的，给他解解闷儿。还有人总觉着别人对不起自己，就一个人待在家里生闷气，这时候就有人拉他去打几圈麻将，解解闷儿。如是，现在一些打麻将成瘾的赌客，每逢出去打麻将的时候，就说是"解解闷儿去"。

还有一个特殊的天津俗语，"逗闷子"。那就出了天津卫，哪儿的人也听不明白了。北京人也说"逗""真逗""穷逗"，如果说现在北京人也说"逗闷子"，那绝对是从天津传过去的。类若开玩笑、找乐，都属于"逗闷子"行为。闲得没事，找个什么人来磨牙，东拉西扯，没一点正经事，逗够了，一哄而散，谁也别往心里去。

歪脖蜡

在天津，八竿子打不着的亲戚，称为歪脖蜡。旧时大家庭，近亲远亲，数不清，沾不着边儿的"亲戚"，天津人均称作"歪脖蜡"。

何以说是"歪脖蜡"呢？此乃非规范词语，很难找到依据。倒是在《儿女英雄传》里，发现了一个近似词，可能就是"歪脖蜡"一词的由来。《儿女英雄传》第三十二回，敬老爷要看戏，戏子们跑得不见了，"可怜我见他那几个跟班的跑了倒有五七个，一个也没叫了来，最后从下场门儿里钻出来个歪不楞大脑袋小旦来，一手纯泥的猴指

民国印本《儿女英雄传》

甲，到那间楼上来。"这里的"歪不楞"，是说"这个大脑袋小旦"不是戏班的正角，如今都跑了，也就只能将他抓来了。俗语中有"歪不横楞"一说，一件东西没有放好，"歪不横楞"地东倒西歪，演进到"歪不楞"，不再只指物件，一个人在一个特定环境中不属于正统成员，俗语中就说是"歪不楞"。天津话发音响亮，"歪不楞"，听起来不够嘎巴脆，约定俗成，就说成是"歪脖蜡"了。

跌份儿

生活中常听到有人说：这样"够份儿"，那样"跌份儿"。"份儿"成了面子、身份、资格、气派的代名词。其实，"份儿"的原意源自旧时的戏剧界、服务业及市井小民中。

旧时戏班子、澡堂、妓院等行业是不发工资的，收入是靠份子得来的。比如将总收入算作 100 份，那么班主得 10 份，挂头牌的得 10 份，照看雅座的得 3 份，照此下来，等而下之的跑龙套的、挎刀的、弹压地面的警察也各得几份。而扫地的、烧大炉的等还不足 1 份，这就产生了"够份儿""不够份儿"的说法。

"拔份儿"就是增加工资，提高地位。"跌份儿"就是降薪降职。这时"份儿"就不只是单纯的经济利益了，还牵扯到脸面、身价、气派，沿袭下来就成了现在的意思。与此相同的还有"掉价儿"一词，也十分流行。

吃讲茶

"吃讲茶"亦作"吃碗茶"。在民间手工业中有"吃讲茶"的习俗。这种习俗实际上是一种广泛流行于社会、调解民事纠纷的民间自发活动。

所谓"吃讲茶"，就是由闹纠纷的当事双方邀集左邻右舍、亲朋好友和知情人士到某个茶店。旧时的茶店，既是老百姓喝茶、听说唱、谈天说地的娱乐休闲场所，也是民间议是非、判曲直、调解纠纷、息事宁人的去处。按规矩，当事人双方邀请的"茶客"到齐后，"茶博士"就给每一位"茶客"沏上一碗上边有盖的碗茶，同时给"调解人"泡上一壶上好的龙井。接着，先由当事人双方当众陈述事情的经过和各自的理由，并提出要求处理的意见。"茶客"们一要依据双方的陈述，二要根据亲眼看见或亲耳听闻的事实，各抒己见，进行分析、判断、评理，弄清谁是谁非。既不能偏袒一方，也不能为另一方护短，一般情况下都能够公平解决。而旧时手工业者行会观念十分强烈，不可跨行跨业。如建房长木工不许做圆木（木桶、木盆等），做家具的短木工不能做农具等，都有着明确的规定。其他行业也类似，一旦有人有违反行规，又没有触及律法，通常行业内部人事就要到茶馆里吃"讲茶"解决，茶钱由犯规或理亏的一方支付。

砟子行

旧社会拐卖妇女的行业被称为"砟子行"，一般是地方上的地痞流氓，勾结外来匪徒，拐卖妇女，卖给光棍做媳妇，或者卖到妓院做妓女，此行业可谓丧尽天良，挣的是黑心钱。他们为了避免官府或者警察打击，同行之间多用黑话联系，比如妇女貌美称为"好花"，不好看的不是称为"孬花"而是叫"赔钱货"；脾气柔顺、听话的，称为"好娃娃"；脾气不好、吵吵闹闹不听话的称为"辣货"。把妇女拐卖出来，半路死了，他们称为"接瘟神"。总之，他们有自己的一套联络话语。一般来说，刚拐来的妇女，不能一下子带出去，或者立刻卖掉，总要先安顿一下，这种安顿的地方要么找偏僻之所，要么找客店公馆。偏僻之所，少人检查；客店公馆出路多，容易逃脱。

"砟子行"拐骗妇女之手段，大体来说有以下几种：

奸拐。事前派一个长相俊美的小伙子，借着和女孩交朋友的名义，引诱到手，同床共枕之后，此女孩对小伙子深信不疑，百依百顺，这时候，小伙子就撺掇女孩子跟他走。女孩子没心机，跟着走就上当了，一般都会被卖到妓院，到时后悔就晚了。

婚娶。婚娶很简单，就是借着结婚的名义进行拐骗。流程和奸拐类似，刚开始也是找个俊俏的小伙子勾引小姑娘，然后互相走婚前流程，接着借口称远方家里有事，就先带姑娘走，这一走就算是拐骗成功了，女方家里还等着办喜事呢，不会想到女儿被拐卖了。

乘隙。这种办法一般针对穷人家女孩，她们吃穿不足，家贫难以生活，有人以招工或者找佣人的名义，带走女孩，一般家里还感谢拐卖者呢！

利诱。这个方式更简单，拐卖的人更省事，能用金钱解决的事情就不要用感情，直接展示金银珠宝，先晃乱浅薄女孩的双眼，她们只看到金银珠宝，没看到金银珠宝背后的黑手，一拐一个准儿。就像笑话里说的，一个人在一百元钱上拴根绳子，拉着一百元在前面走，势利的女孩就会在后面看着一百元跟随。这种女孩被拐卖后，只要得吃得喝，吃香的喝辣的，是不是被拐卖了她们反而不是很在乎。

药迷。拐卖者利用迷幻药迷倒女孩，进行拐卖，一般多用于幼年女子，卖给人家做童养媳或者卖给妓院。

仙人跳

"仙人跳"代指一种利用猎艳心理给人设计圈套、骗人钱财的行为。粤语俗称"捉黄脚鸡"。

宋朝时，这种敲诈钱财的手法称为"美人局"，明朝称为"扎火囤"。凌濛初《二刻拍案惊奇》有记录："做自己妻子不著，装成圈套，引诱良家子弟"，一等成就好事，就率领光棍打将进来，"诈他一个小富贵"。此谓之"扎火囤"。

"仙人跳"的名称正式出现于清朝，据徐珂所作的《清稗类钞》记述，"仙人跳"大致流行于苏州、上海一带，一般是男女合作，假装夫妇（也有真正夫妇），女子以色诱男子入室。刚刚坐定，同谋的"丈夫"就突然从外而归，见到受害人就假装愤怒，说要拉他见官。上当者大惧，"长跪乞恩，不许，括囊金以献，不足，更迫署债券，订期偿还"。由于此方法诡幻机诈，让受害人被骗后感到莫名其妙，连仙人都难逃被拐的命运，掉入陷阱也跳脱不出来，所以称之为"仙人跳"。

占码头

"占码头"是指旧社会在海边码头的帮会占据码头、划地为霸。在旧社会，长江中下游各省，大至都市，小至乡镇，凡市面稍稍繁盛一点的，都有帮会势力，他们分疆划界，每一码头必有一帮会头目为首。他们从事的大都是不法行业、暴利行业，这种发财方式称为"占码头"。他们开设的行业一般不外乎"黄赌毒"——妓院、赌场、毒品。此外，码头装卸货物，搬运货物，都要抽头，码头工人辛苦挣的钱被他们抽走大部分。

"占码头"是帮会固定场所，收取暴利；"开码头"则为帮会之流动挣钱方式，诸如演戏法、玩杂技以及巫医、相命等一些走江湖行径，帮会中皆谓之"开码头"，一般地说，这种现象有的有骗钱之举，但很少有暴力行为。

收陋规

在旧社会，凡是从事不法行业牟取暴利的，背后都有靠山，或者找流氓头子，或者找警察机构，或者找官府人员，没有靠山的不法行业很快就会被清理掉。找靠山不是空手去的，而是要定期上供，即拿出一部分所得利益交给靠山，来取得暂时的安稳。一般找帮会做靠山的，帮会收取保护费的行为被称作

"收陋规"。

宰白鸭

清代的刑案中，有"宰白鸭"的陋俗。

二月河在历史小说《康熙皇帝》中写过这样一个情节：一个强奸少女的恶霸，被康熙下令处死，处斩那天康熙帝正好在刑场附近的茶楼喝茶，发现死刑犯竟是另外一个人，康熙帝一头雾水，反倒是茶楼上的老板比较了解"舆情"，介绍说："万岁爷不知，如今，有那一等一的大户，犯了法，又不想

道光读书像

去死，就花钱买个替身……这就叫'宰白鸭'。凡是当白鸭的，不是穷得没法儿活，就是家里出了大事，急等用钱，只好拿命去换了。"

"宰白鸭"在我国古代封建社会，一直是一个长期存在的丑恶现象，晚清尤其严重。清朝时福建的漳州与泉州一带，富家子弟杀了人，就拿出很多钱财给穷苦人家，让他们的子弟冒充凶犯，代替富家子弟抵命。因为双方先已谈妥，所以即使碰上一些廉明的官吏，往往也难辨真伪，酿成了一桩桩冤案。这种花钱顶凶之事，当地称之为"宰白鸭"。

据《清实录》记载，道光皇帝在批点刑部呈送的有关"宰白鸭"案件的奏折时，曾怒发冲冠，拍案而起，严厉痛斥这种不法行为，但是，由于这类冤案有的是因为有钱有权的人收买穷人顶罪替死，周瑜打黄盖——一个愿打一个愿挨，也没法一一查明，最后只能不了了之。

嗯哪、咋地

"嗯哪""咋地"也是东北方言。

嗯哪：这是个前后连贯的感叹词，"嗯"用来应答，"哪"是个后缀助词，起到强调语气的作用。在回答别人问题或对话连接的时候，"嗯哪"是表示肯

定的意思，相当于普通话里的"是啊"。

咋地：是"为什么"的意思。需要注意，在后面的"地"读短音的时候，"咋地"所表示的是反诘、存在一定疑问的意思；在后面的"地"读长音的时候，"咋地"则被赋予了不满、激怒的色彩。

晕菜、歇菜

"晕菜"指"眩晕、糊涂"，如"我可真是晕菜了"。"歇菜"指"事情完结"或"对别人言行否定"，如"累不累啊？歇菜吧，啊！"这两个词里，"菜"没有什么实在的意义，推而广之，有的北京人也会说"瞎菜""完菜"之类的话，但是"菜"是否能作为一个后缀完成语法化的过程，现在大概还不好断言。与之有些相关的，东北话中有个常用词"坏菜"，指"糟糕、坏事儿"，如"坏（了）菜了，我的钱包儿不见了"。北京话也有个与之同义的词"坏了醋了"（现在北京人也说"坏菜"），不过，东北话可单说"坏菜"，而北京话却不能说"坏醋"，只能说"坏了醋"。

小刁模子

模子者，在上海只定性为两脚直立行走、有尾巴，但尾巴不是拖在后面而是冲在前面的动物，即男人也。如果上海人说："侬是只模子"的话，就等于称你是大丈夫，敢作敢为，是可以交朋友的人。

小刁者，定型于男人中，"尾巴"短小者。上海语言"刁"和"鸟"发相同的音。小刁者大多没真本事，但潜意识的报复心思很强，为此使用的手段却往往令人不屑，常被人称作"垃圾"。他们爱打小算盘、爱占人小便宜，爱使小手段、使人上小当，挑拨离间、无事生非。这种人掀不起大风大浪，却可以让人阴沟里翻船。

摆龙门阵

四川语里的"摆龙门阵"就是"铺开来说"的意思，东北人叫"唠嗑"，北京人则叫"侃大山"。"摆"这个字，原本就有"铺排陈列"之意。蜀人司马相如和杨雄，便是铺陈排比的老手。他们的作品，叫作"赋"。龙门阵就是四川人的"赋"。据说，它得名于唐朝薛仁贵东征时所摆的阵势。明清以来，四川各地的民间艺人多爱摆谈薛仁贵的这一故事，而且摆得和薛仁贵的阵势一样曲折离奇、变幻莫测。久而久之，"龙门阵"便成了一个专有名词，专门用来指那些变幻多端、复杂曲折、波澜壮阔、趣味无穷的摆谈。

显然，龙门阵不同于一般聊天、侃大山、吹牛的地方，就在于它极尽铺陈、排比、夸张、联想之能事。短短那么一点时间，是摆不完的；而摆不完，则不如不摆。总之，摆龙门阵，非得上茶馆不可了。

万象归春

所谓"万象归春"的"春"是指江湖"春点"，说相声的技艺就属于"春点"技艺，江湖人把教人一乐称为能使人一"春"。在过去，清末，或者民国时期，江湖人做的买卖有很多种，有说相声的，有唱大鼓的，有变戏法的，有打把式卖艺的，一样买卖就是一个象儿，"万象"不是指具体数目，就是笼统指所有的江湖买卖。"春"是笑料的意思，"万象归春"就是说江湖上所有的买卖都要用"春口"，江湖人做买卖如果不能逗笑客人，让客人开心，他的买卖就做不好。各行各业都是如此，所以叫"万象归春"。除了殡葬业外，其他服务类行业，见了客人都得笑脸相迎、服务周到，这样才能生意兴隆、财源广进。

趣味链接：

相　声

"相声"一词，古作"像生"，原指模拟别人的言行，后发展成为"象声"。"象声"又称"隔壁象声"。相声起源于华北地区的民间说唱曲艺，在明朝即已盛行。经清朝时期的发展直至民国初年，象声逐渐从一个人模拟口技发

展成为单口笑话，名称也就随之转变为相声。一种类型的单口相声，后来逐步发展为多种类型的单口相声、对口相声、群口相声，综合为一体，成为名副其实的相声，而经过多年的发展，对口相声最终成为最受观众喜爱的相声形式。

张三禄是目前见于文字记载的最早的相声艺人。根据相关记载并推测：张三禄本是北京的八角鼓丑角艺人，后改说相声。他的艺术生涯始于清朝的道光年间。在《随缘乐》子弟书中说："学相声好似还魂张三禄，铜骡子于三胜倒像活的一样。"但是一般来说，相声界把朱绍文（穷不怕）称作他们的祖师爷。

相声的表演方式分为单口、对口、群活等。单口相声由一人表演，具有较强的故事性。对口相声由二人合说，一人为逗哏，另一人为捧哏。这里还有讲究，就是分一头沉、子母哏和贯口活。一头沉以一人为主，子母哏以两人争辩为主，贯口活则以大段连贯的语言来叙事。群活是由多名相声演员集体表演的艺术表现形式。

说、学、逗、唱是相声演员的四大基本功。在传统意义上，相声艺人把相声的基本功细分为十三门，包别是：要钱、口技、数来宝、太平歌词、白沙撒字、单口相声、逗哏、捧哏、群口、相声怯口、倒口、柳活、贯口、开场小唱。